다형 김현승의 시간

다형기념사업회

발간사 prefact

시와 함께 걸었던 길 위의 시간

_다형기념사업회 대표
백 수 인

　다형 김현승 시인이 우리 곁을 떠난 지 벌써 반세기에 가까운 시간이 흘렀다. 시간이란 그렇게 흘러가고 모든 것은 과거라는 시간의 창고에 매몰되게 되어 있다.
　다형 시인이 왕성하게 활동하던 시절의 시간은 그의 시 작품은 물론 여러 형태의 산문으로도 남아 있다. 그러나 그와 함께했던 길 위의 시간은 점차 희미해져 가고 있다. 그와 동행했던 동료 문인들도, 그의 그림자 아래에서 시를 배우고 따르던 제자들도 점점 과거의 시간으로 저물어가고 있기 때문이다. 더 저물기 전에 그 시간들을 조금이라도 모아두고자 하는 의도를 반영한 것이 이 책이다.
　다형 시인은 고향 광주를 사랑했고 광주의 품 안에서 시 정신을 키우고 연마한 문학인이다. 그를 흔히 '고독의 시인'이라고 하는데, 그는 고독이라는 관념을 여러 작품에서 '까마귀'로 형상화해 내고 있다. 그의 시에서 핵심적 상징 중 하나인 이 '까마귀'는 바로 그의 고향이 가져다준 시적 영감인 것이다.

> 내가 여러 새들 중에서도 까마귀를 좋아하게 된 것은 어릴 적 내 고향에서부터였다고 생각된다. 나의 고향은 따스운 전라도의 남쪽 광주이다. 이 광주에서도 남쪽에 위치한 양림동이다. 이 양림동에는 커다란 부잣집들이 진을 치듯 몇 채가 있는데, 이 집들은 남도에서는 으레 그렇듯 크고 깊은 대숲들을 배경으로 삼고 더 한층 위엄을 자아내고 있었다.
> 양림동의 아니 광주의 까마귀들은 그 크고 울창한 대숲에서 저들의 아침을 맞아 출발을 서둘렀고, 또한 저들의 황혼을 맞아 피곤한 깃을 고요히 내려 접는 것이었다. 아침 새벽에는 어느 새가 먼저 일어나 진두지휘를 하는지 모르지만, 새까만 새들은 대오도 정연히 편대를 작성하여 맞은 편에 머얼리 크게 솟아 있는 무등산을 향해 날아가곤 하였다.
> ─김현승, 산문 〈겨울 까마귀〉 중에서

이 글에서 보면 그의 고향에 대한 사랑은 절절하다. 그가 태어난 장소는 평양이지만 그는 자신의 고향을 광주, 거기서도 양림동이라고 밝히고 있다.

또한 그의 고향 광주를 그리워하고 사랑하는 내용이 담겨있는 대표적인 작품은 〈산줄기에 올라〉이다.

> 산줄기에 올라 바라보면
> 언제나 꽃처럼 피어 있는 나의 고향
> 길들은 치마끈인 양 풀어져
> 낯익은 주점과 책사와 이발소와
> 잔잔한 시냇물과 푸른 가로수들을
> 가까운 이웃을 손잡게 하여 주는…

그리고 아침과 저녁에
공동으로 듣는 기적 소리는
멀고 먼 곳을 나의 꿈과 타고난 슬픔을 끌고 가는…

아아, 시름에 잠길 땐 이 산줄기에 올라 노래 부르고,
늙으면 돌아와 추억의 안경으로 멀리 바라다 볼
사랑하는 나의 도시 ― 시인들이 자라던 나의 고향이여!
　　　―김현승, 〈산줄기에 올라―K 도시에 바치는〉 중에서

'K 도시'가 "언제나 꽃처럼 피어 있는 나의 고향"이라고 표현한 그의 고향 '광주'의 지칭이라는 것은 두말할 나위가 없다. 그에게 광주는 "아아, 시름에 잠길 땐 이 산줄기에 올라 노래 부르고,/ 늙으면 돌아와 추억의 안경으로 멀리 바라다 볼/ 사랑하는 나의 도시"이다. 이처럼 그의 고향 사랑은 지극하다.

　다형은 우리 문학사의 한 시대를 풍미한 광주의 시인이다. 광주에서 그를 기념하고 현창하는 일을 주도해야 할 이유가 여기에 있는 것이다. 이번에 다형 시인을 기념하고 현창하는 일에 큰 도움을 주신 광주광역시 남구청에 깊은 감사를 드린다.

차 •
례 •

발간사 _6
시와 함께 걸었던 길 위의 시간 | 백수인

1 인연 사이로 흐르는 시간

- 서울에 솟은 무등산 ······································· 이근배   12
- 가을과 신神과 고독과 커피 ··························· 김포천   19
- 다형茶兄 스승을 회고하다 ···························· 임 보   60
- 스승 茶兄 金顯承 詩人과 文壇散策 ············· 손광은   66
- 내 문학의 은사님들 ······································· 진헌성   72
- 시와 커피로 고독을 이기다 ··························· 문순태   79
- 까칠하고 엄격한 스승—다형 김현승 시인 ······· 이은봉   93
- 양림동의 김현승 시인 ··································· 한희원   108

2 예술과 논리 사이로 흐르는 시간

- 「김현승 詩抄」의 가치추구 ···························· 손광은   118
- 다형 김현승의 생애와 문학 ··························· 임원식   153
- 김현승과 종합문예지 『신문학新文學』 ··········· 백수인   173

3 발자국에 흐르는 시간

- ◆ 《조대신문》에 발표한 김현승의 시와 산문 ············ 백수인 204
- ◆ 『現代文學』에 발표한 나의 作品들 ···················· 김현승 229

4 詩 속에 머무르는 시간

- ◆ 새벽 ··· 234
- ◆ 까마귀 ·· 235
- ◆ 창窓 ··· 236
- ◆ 푸라타나스 ··· 237
- ◆ 눈물 ··· 238
- ◆ 가을의 기도祈禱 ··· 239
- ◆ 산줄기에 올라 ·· 240
- ◆ 신성神聖과 자유自由를 ································ 242
- ◆ 겨울 까마귀 ··· 246
- ◆ 무등차無等茶 ·· 248
- ◆ 절대絶對 고독 ··· 249
- ◆ 군중群衆 속의 고독 ······································ 250
- ◆ 아버지의 마음 ··· 251
- ◆ 인생을 말하라면 ·· 252
- ◆ 희망希望 ·· 254
- ◆ 산까마귀 울음 소리 ······································ 256
- ◆ 마지막 지상地上에서 ···································· 257

인연 사이로
흐르는 시간

1

이근배

서울에 솟은 무등산
― 다형茶兄 선생과 수색 사단

가을에는
기도하게 하소서……,
낙엽들이 지는 때를 기다려 내게 주신
겸허한 모국어로 나를 채우소서.

이 나라 모국어의 하늘이 무등산의 머리 위에 더 높아가는 계절이다. 낙엽들이 지는 때가 오면 더욱 겸허한 마음으로 다형 김현승 선생을 기리게 된다. 그리고 그 이름처럼 더불어 다툴 자 없는 백두대간의 명산 무등산을 떠올리게 된다. 지난 한 세기 이 땅의 장엄한 시문학사의 능선에 솟은 봉우리들 가운데 아무래도 다형은 무등의 기상이고 무등의 시인이다.

내가 다형 선생을 처음 뵈온 것은 1960년 2월이었다. 첫 시집 『사랑을 연주하는 꽃나무』의 서문을 받으려고 공덕동 서정주 선생 댁에 갔었는데 창가에 다리를 쭉 뻗고 미당 선생과 스스럼없이 대화하시는 분이 계셨다. 분명 미당 선생과 동시대 문인일 성싶은데 명동 갈채 다방이나 문인들 모임에서 한 번도 뵙지 못한

용모와 풍채이어서 누구실까? 머릿속을 굴리고 있는데 "근배야아
— 인사드려라아, 김현승 시인이시다아—"라고 미당 선생이 말씀
하시었다.

그 무렵 다형 선생은 광주에서 서울 숭실대학으로 옮기시려 서
울 오셨다가 나이는 두 살 위이고 등단도 두 해 앞서지만 육이오
전쟁 때 미당 선생이 광주에 내려가서 셋방살이하면서 형제처럼
가까웠던 미당을 보러 오셨던 것 같다. 1956년 미당의 제3 시집
겸 시선집이었던 『서정주 시선』의 첫 장에 나오는 시 〈무등을 보
며〉는 무등산이 맺어준 다형과 미당의 사이에 꽃피는 지란芝蘭의
향기가 시대를 넘어 우리 시문학사에 길이 넘쳐날 것이다.

다형 선생은 나라가 일제에 강점된 지 세 해 뒤인 1913년 평양
에서 아버지 김창국金昶國과 어머니 양응도梁應道 사이의 6남매
중 차남으로 태어나셨다. 평양에서 목회자 수련을 마친 아버지의
첫 부임지가 제주읍이어서 거기서 6세까지 자랐고 일곱 살에 광
주로 이사 와서 숭일중학교 초등과를 마치고 평양 숭실 중학을
나와 1932년 숭실전문학교에 입학, 양주동, 이효석의 문학 강의
를 들으며 시를 쓰기 시작했고 1934년 교지 《숭실》에 투고한 시
〈쓸쓸한 겨울 저녁이 올 때 당신들은〉이 양주동 선생 눈에 띄어
《동아일보》 문예란에 게재됨으로 시단에 첫발을 내디딘다. 이 시
에 대해 비평가 홍효민은 "혜성처럼 나타난 시인"이라 극찬을 했
으며 정지용, 김기림, 이태준 등 문단의 권위 있는 선배들로부터
식민지 시대의 고통받는 우리 민족의 슬픔과 좌절을 극복하는 신
선한 언어와 이미지로 형상화했음에 주목받기 시작했다.

1935년부터는 『조선시단』과 《동아일보》 등 여러 지면에 〈유리
창〉, 〈철교〉, 〈묵상수제〉 등 활발하게 시작 활동을 했으나 태평

양 전쟁의 발발로 시인, 작가들이 일제의 강요와 협박에 훼절하던 40년대에 들어서는 붓을 꺾고 절필에 들어갔다. 광복이 되고 해방공간에는 《경향신문》 등 주요 일간지와 잡지에 〈창〉, 〈조국〉, 〈자화상〉 등을 발표하면서 시 세계는 기독교적 사상의 윤리성과 인간애를 담아내는 생명, 순결의 시적 성향을 그려냈다.

1950년 전쟁의 소용돌이 속에서도 다형 선생은 1930년 김영랑, 박용철 등이 『시문학』으로 일으킨 한국 현대 시의 시대정신을 잇고자 박흡, 장용건, 손철, 이동주 등과 시 전문지 『신문학』을 창간하였으며 1951년에는 조선대학교 교수로 강단에 서는 한편 광주 시단의 중흥을 선도하였다. 그 영향으로 1956년 《조선일보》 신춘문예에 박봉우의 〈휴전선〉 당선을 필두로 윤삼하, 권일송 등이 주요 일간지 신춘문예에 당선되었다. 광주라는 지역적 여건 때문이었을까 아니면 다형 선생 겸허의 미덕이었을까. 등단 스물세 해 만에 첫 시집 『김현승시초』가 발간되었다. 선생은 당시 많은 독자를 이끌던 월간 문예지 『현대문학』의 추천위원이 되시어 문병란, 이성부, 임보, 손광은 등 광주의 새 시인 군을 발굴하였고 조태일이 《경향신문》 신춘문예에 〈아침 선박〉이 당선되어 다형 문하는 백화난만의 전성기를 이룬다.

다형 선생이 서울에 올라오시면서 수색에 집을 마련하셨고 광주에서부터 따르던 문제門弟들. 박봉우, 이성부, 조태일 등은 그간 자주 찾아뵈었을 것이나 1960년대 중반에 들어서면서 주말이면 수색 다형 선생 댁을 찾는 시인들의 발길이 잦아졌다.

수색에는 이동주 선생 댁도 있어 이동주, 김종해, 이탄, 권오운, 박건한, 이성부, 조태일, 이근배 등이 일요일에는 아예 개근하는 것이었는데 만나서는 곧바로 '섯다'판을 벌였다. 다형 선생은 독실한 크리스천으로 술 담배를 하지 않으시면서 손수 양은 주전자에 물을 끓여 어디서 구했는지 미제 원두커피를 대접하는 것을 큰 즐거움으로 삼으셨다.

그 시절만 해도 서울 시내에 다방은 많았지만, 다형 선생께선 제대로 끓이는 커피는 다동의 〈맘모스다방〉과 광화문 지금 교보문고 자리에 있던 〈귀거래〉뿐이라고 하셨다. 그 밖의 취미로는 축구 시합을 보는 일이었는데 동대문운동장에서 고작해야 동남아축구가 열리면 이성부와 둘이서 입장권을 사서 운동장 스탠드에서 관람하시었다.

주머니 사정이 넉넉지 않으니 백 원짜리 '섯다'에서 따고 잃고는 문제가 아니었지만, 성냥개비 내기를 해도 승부욕이 나는 것. 좌장은 다형 선생이시고 부 좌장은 이동주 선생이신데 박봉우 시인은 자리는 함께해도 화투장을 만질 줄 몰랐다. 명절이나 공휴일 쉬는 날이면 수색에 판이 벌어진다는 소식에 정규 멤버 외에 많은 문인이 오가곤 했다.

《한국일보》 기자였던 이성부는 『주간 여성』지에 아름다운 문학동네의 풍경을 누구누구의 얼굴까지 그림에 넣어서 두 페이지를 장식했다. 지금 생각하면 그 시대와 다형 선생이 아니었다면 이루어질 수 없는 즐겁고 행복한 시간이었고 한편의 무지갯빛 풍속도였다.

한번은 다형 선생께서 문화촌 달동네 내 친구가 잠시 빌려준 나의 삼간 옴팡집에도 오셨다. 그날은 바로 1971년 김대중 후보가 박정희에게 맞서 자웅을 결하는 대통령 선거 유세가 장충동 공원에서 열리는 날이었는데 다형, 이성부, 조태일 등이 우리 집에 모였다가 모두 장충동에 몰려가 김대중 후보의 사자후를 듣고 다시 돌아와 '섯다' 아닌 '포커판'을 벌였었다.

'섯다'니 '포커'니 하면 상습 도박꾼으로 글을 안 쓰고 패가망신이나 하는 짓거리로 오해하기 딱 좋으나 다형 선생이 어디 그러실 분인가. 그분의 개결하고도 대쪽 같은 품성, 강점기의 시인들이 훼절할 때도 붓을 곧추세우셨던 분, 모태 크리스천으로 몸가짐과 마음가짐에 빈틈이 없으셨던 분이면서도 제자, 후배들에 대한 사랑이 넘치셨던 분이다. 그렇기에 술판을 벌이고 돈이 드는 다른 오락이 아닌 명절날 한 가족 모임에서 웃고 떠드는 재미로 백 원짜리 '섯다'가 꿀맛이었다.

1973년 어느 날 성부한테 전화가 왔다. 다형 선생이 서울시 문화상 후보에 올랐는데 네가 발이 넓으니 수상하시도록 도우라는 것이었다. 나는 마침 『세계문학전집』을 편집하면서 학계와 문화계 인사들과 접촉이 빈번할 때라 몇 분에게 전화를 드렸더니 그것 때문은 아니었겠지만, 다형 선생이 수상하시었다.

참, 선생님의 아호가 다형茶兄인 것은 저 다산茶山 추사秋史나 초의草衣처럼 녹차일미綠茶一味에 젖어서가 아니고 오직 커피의 맛과 향에 대한 사랑이 깊기 때문인 것이다. 한번은 출판사에 근무하는 최하림 시인에게 다형 선생이 전화를 하셨다. "최형 여기 다방에 와 있으니 나랑 차 한잔해요" 최하림은 달려 나갔고 무슨 하실 말씀이 있으려나 했는데 차를 다 마시고는 그냥 일어서서 가시는 것이었다. '혹시 하실 말씀을 못 하시고 가신 것은 아닌가?'도 생각해 봤으나 뒤늦게 "아하! 선생님은 그저 나하고 차 한잔 나누고 싶어서 찾아 오셨구나" 깨달았다고 했다. 선생님이 왜 스스로 "다형"이라는 아호를 가지셨는지 헤아릴 만한 장면이다. 따르는 제자 조태일은 그의 (兄) 자를 따서 "죽형竹兄"으로 이름을 지은 것도 새길만 하다.

다형 선생은 숭실전문 다니실 때부터 위장병이 있어 학교도 쉬어야 했을 정도로 지병이 있었다. 그래서 한여름에도 사모님이 검은 털실로 떠주신 복대를 하고 계셨다. 그래도 숭실전문대 축구 선수였음을 늘 자랑하시고 몸매는 마른 편이었으나 강단은 있어 보이셨다. 또한 후배나 제자들에게는 형님이나 친구같이 스스럼없이 대하시면서도 문단이나 사회의 옳지 않은 일에는 타협을 거부하시는 개결한 성품을 보이셨다. 나는 충청도 시골뜨기로 등단 뒤에서야 수색 사단에 들어갔지만, 성부나 태일이 못지않게 챙겨주시었다. 서울고등학교 운동장에서 문인 축구대회가 열렸었는데 센터포워드로 풀타임을 뛰시는 걸 보면서도 그 강단과 자긍심을 부럽게 생각했었다.

그 다형 선생께서 한 십 년만이라도 더 계셨더라면. 우리 수색사단의 대원들이 시단 한복판에서 이리 뛰고 저리 뛰는 모습을 보시며 등을 두드려주셨을 텐데 젊으신 날 앓으신 지병 때문이었을까? 천수를 못다 하시고 1975년 산에 들에 꽃이 만발한 바로 이맘때인 4월 열하룻날 저 〈가을 기도〉, 〈눈물〉, 〈플라타너스〉 이 땅의 모국어에 눈부신 광채를 입히시고 뜨거운 노래를 지으시던 붓을 내려놓고 소천하시었다. 상도동 숭실대학교 교정에서 거행된 대학교장 영결식에서 우리 수색사단 대원들은 눈물로 장수를 하늘나라로 보내드리고 뿔뿔이 흩어져야만 했다. 그러나 선생님이 못내 그리웠던가. 아니면 외로우실까 봐 그랬던가. 이동주, 박봉우, 윤삼하, 조태일, 이성부, 문병란, 이탄 등 줄레줄레 앞서거니 뒤서거니 하늘 길 따라갔거니 그 나라에도 무등산이 솟아있을까, 물빛 고운 수색水色이 있을까?

이제는 하사관, 소위 계급장 달았었던 대원들 어깨에 별 달고 최고사령관 댁에 가서 양은 주전자에 끓인 커피 들고 있을까? 화투장 펴고 있을까? 서울의 변두리 수색에서 우뚝하게 솟았던 무등산 봉우리 멧부리 높은 "마른 나뭇가지 위에 다다른 까마귀 같이" 다형 선생은 겸허한 모국어를 낳고 계실까?

이근배 《경향신문》, 《서울신문》, 《조선일보》, 《동아일보》, 《한국일보》 신춘문예 시, 시조, 동시 당선. 문공부 신인 예술상·한국문학작가상·중앙시조대상·고산문학상·만해대상 등 수상. 은관문화훈장 수훈. 『한국문학』 발행인 겸 주간. 『민족과 문학』, 『문학의 문학』 주간, 한국시조시인협회·한국시인협회 회장. 대한민국예술원 회장 등 역임. 저서/ 시집 『대백두에 바친다』, 『추사를 훔치다』, 장편서사시 『한강』, 시조집 『동해 바닷속의 돌거북이 하는 말』, 시선집 『사랑 앞에서는 돌도 운다』 등. 현/ 대한민국예술원 회원.

김 포 천

가을과 신神과 고독과 커피

회상

다형 김현승 시인을 생각하면, 문득 떠오르는 영상이 있다. 저 대서양 바닷바람 앞에 서 있는 청교도의 입상立像같은 모습, 북유럽의 오로라 같은 이미지, 날씬하면서도 딴딴한 몸매에 가는 목, 눈높이 보다 약간 내리 숙인 시선으로, 빠르지도 느리지도 않은 가벼운 발걸음으로 석양을 등에 지고, 광주 충장로를 걸어가는 그분의 흔적이다.

늦가을이 걸어가는 듯한, 고독이 걸어오는 듯한, 비곗살이라고는 찾아볼 수 없는, 굴참나무 같은 탄탄한 체격에 육상 선수 같은 몸동작에 죽비 같은 소슬한 눈빛, 쓸쓸해 보이는 가슴 속에 깊은 강물이 흐르고 있는 것 같은 시인, 이것이 이분의 정면이라고 한다면, 술은 아주 멀리 하는, 커피를 무엇보다 즐기고, 커피 끓이는 법에도 일가견이 있는, 이른 아침 다방으로 가서 아무도 없는 고요한 분위기 속에서 홀로 커피를 마시며, 문학을 하지 않았더라면 필시 이름난 스포츠 선수가 되어있었을지도 모른다. 연애감정도 남다른 데가 있었지, 서부극 영화에 시간 가는 줄 몰랐었지, 생각에 잠기기도 하는, 커피 잔 앞에 놓고 다방 창밖 뜰과 하늘과 사람들을 보면서 시를 그리는, 고독을 얼굴의 주름살에 새기는, 이것을 이분의 측면이라고 할 수 있을까.

눈물과 사랑 같은 연성이 있는가 하면, 사회정의를 강조하고 실현코자 하는 정열적인 기질도 있는, 돌 한 덩어리 깎아서 세운 석상처럼 보이면서도, 그 속을 깊이 들여다보면, 밑바닥에 품고 있는 헤아리기 어려운 미소가 신비로운 청동사유상靑銅思惟像을 떠올리게 하는, 흥겹게 춤추는 마당에 뛰어들어 어울리는 기질이 아니라, 거기서 슬그머니 빠져나와 한적한 자리에서 그것을 바라보는, 더러는 한줄기 우아한 낭만이, 한 조각의 유머도 있는, 이것을 이분의 이면이라고 할 수 있겠다.

이제는 이분의 내면을 살펴볼 차례다.

시대의식의 한갓 제약된 소재에 구애됨이 없이, 시 세계의 폭을 자유로이 넓히고, 시심詩心은 고갈됨이 없는 깊은 샘물인, 신과 양심과 사물에 대한 본질적인 질문, 그리고 실존적 인간의 고뇌와 고독을 얼싸 안고, 그러면서도 사무사思無邪의 경지로 자신을 이끌어 올리려고 사무치게 구도求道하는, 일출日出보다는 일몰日沒에 그림자를 드리운, 신神 안에 있다가 신에게서 멀어졌고, 마침내는 신 앞에 엎드려 간곡히 빌게 된, 내가 죽는 날 단테의 연옥에선 어느 비문扉門이 열리려나 천국을 우러러 서 있는 영혼, 이것이 이분의 내면이라고 할 수 있지 않을까.

고려청자에 상감연지원앙문 정병이 있다. 한자로 이렇게 적는다. 象嵌蓮池鴛鴦文 淨甁이다. 국보 66호다. 정병은 맑은 물을 담는 병이라는 뜻이다. 반듯한 조형과 비색이 눈길을 끌고, 몸 부분에는 모란, 몸체는 버드나무와 갈대, 원앙이 한가로이 헤엄치고 있는 연못이, 회화적이고 서정적인 느낌을 준다.

청자 정병을 보는데 여기서 김현승 시인의 영상이 겹쳐 오는 것은 웬일인가. 일종의 연상 작용인가.

우선 김 시인도 정병도 목이 가늘고 길다. 김 시인은 그리 밝지도 않고, 그리 어둡지도 않은 분위기에 그러면서도 청정한 인상에 기품이 있어 보인다. 청자 정병은, 은은한 광택, 청아한 비취색이다. 정병은 맑고 정갈한 물을 담는 병이다. 김 시인도 정병도 서 있는 자태가 꼿꼿해 보인다. 김 시인은 좀처럼 흔들리지 않는다. 명징한 사념思念의 깊이로 빚어낸 자기 세계를 꼿꼿하게 지키려고 한다. 정병은 팔각으로 꼿꼿한 출수구出水口가 병목 위에 수직으로 세워져 있으며, 과도한 장식이 없어 정갈하면서도 치솟는 고고한 조형미를 보인다.

김 시인은 형형한 눈매에 범접하기 어려운 품위 있는 눈빛이다. 정병에 새겨진 원앙의 눈은, 유일하게 흑상감으로 묘사했다. 그 눈빛은 초롱초롱 영롱하면서도, 보는 사람으로 하여금 주목하지 않을 수 없게 한다.

김 시인은 서정을 배척할 수 없는 시인이다. 정병에 상감된 그림은 서정적인 느낌을 준다.

김 시인은 많은 시의 원자재와 이야기를 가슴에 품고 있으며, 정병도 수많은 사연과 이야기를 속으로 간직한 채 침묵하고 있을 것이다.

김 시인이 평생을 머리와 가슴속에 품고 살았던 명제가 '진실하라'였다. 사악함이라고는 없는, 먼지만큼도 섞을 수 없는 순수함이다.

청자 정병도 하늘색도 초록색도 아닌, 오묘한 중용의 빛을 내

비치고 있는 청자의 비색이다. 그 비색은 오목하면서도 순수하다. 진실로 통하는 것이다.

김 시인도 맑고 청자 정병도 맑다.

이야기는 1950년대로 거슬러 올라간다. 6.25 직후 황량하고 궁핍한 시절이었는데, 광주의 문학활동은 전국적으로도 가장 활발했다. 김현승 시인이 주간이었던 『신문학』이 그 동력을 만들어주었다.

광주의 문학 인구는 타 지역과 비교할 수 없을 만큼 많았다. 서울의 주요 신문사에서 주최하는 신춘문예 현상 공모에 전체 응모자의 절반 가까이가 광주와 전남 사람들이었다는 통계가 말해주었다. 문학 활동이 다양했고 활기가 있었다. '문학의 밤' 모임이 자주 열렸다. 시를 낭독하고 문학 이야기를 하고 곁들여 음악도 듣는, 소박하지만 알찬 모임이었다. '문학의 밤'은 주로 밤에 다방에서 열렸는데 참석자들이 다방을 가득 채우는 성황이었다. 김현승 시인이 '문학의 밤'에 자주 참석해서 시 이야기, 문학이야기를 해주었다. 지금도 기억되는 것은, "우리가 한 편의 시, 하나의 그림, 하나의 음악을 창작한다는 것은, 우리 문화적 공동체의 탑을 세우는데 한 줌의 흙, 한 조각의 벽돌을 쌓아 올리는 것이다"라고 한 T.S. 엘리엇의 말이다.

김현승 시인은 주로 서유럽 시인들의 시를 섭렵했다. 중학교 1학년 때, 영어교사가 읽어준, 영국 시인 브라우닝의 장시 〈파파의 노래〉 한 구절을 듣고, 그 시의 리듬에 세상에 태어나서 처음으로 귀가 열리는 것 같았다고 회상했다. 아름다운 자연에 탁월한 안목, 그러니까 영안靈眼으로 깊은 의미를 부여한 시였다고 했다.

그런데 학창 시절에 처음 읽은 시는, 아일랜드 시인 예이츠의

〈낙엽〉이었다고 회고한 적도 있었다.

김 시인은 프랑스의 시인 베르렌느의 시 〈낙엽〉을 찬양했다. 원어로 읽으면 낙엽소리가 들리는 듯 언어의 교묘한 배열이 감탄할 만큼 독창적이라고 했다. 시인 보들레르에도 특별한 관심을 보였으며, 아폴리네르의 시 〈비는 내린다〉를 좋아했다.

프랑스 시인들의 시에도 심취했지만, 김 시인은 영국 시인들의 시를 더 높이 평가하는 것 같았다. T.S. 엘리엇 이야기를 많이 했다. 엘리엇의 특질은 그 지적인 풍모에 있다. 그러나 그것은 메마른 지성이 아니다. 그 정서를 노출시키지 않는 지성 속에, 얼마나 깊숙한 멋이 숨어있는지 모른다.

그러한 멋을 잔뜩 간직한 엘리엇의 지성이 좋았다. 감정의 멋이 도저히 따를 수 없는 지적인 멋이, 내 시의 기질에 꼭 들어맞았다고 본다.

    '4월은 가장 잔인한 달
    죽은 땅에서 라일락을 키워내고'

로 시작되는 엘리엇의 대표작 〈황무지〉와 〈네 사중주〉를 곧잘 화제에 올리기도 했다. 시간과 영원, 존재와 변화, 삶과 죽음, 빛과 어둠, 인간의 세계와 신의 세계, 천국과 지옥 등, 많은 대립 개념을 창조적으로 화합하여 아름다운 시 세계를 보여주고 있다.

그의 묘비에 새겨진 두 줄을 읽는다.

    나의 시작 안에 나의 끝이 있다
    나의 끝 안에 나의 시작이 있다

그는 시인으로, 평론가로, 극작가로 세 분야에서 골고루 두각을 나타낸 거인이었다.

김현승 시인이 양림동 집을 나와 양림교를 건너 충장로로 들어서서, 다방으로 들어가는 모습을 자주 볼 수 있었다. 당시 광주에는 다방이 많았지만 주로 출입하는 다방은 이분이 커피 맛이 최고라고 상찬한 광주우체국 앞 '나 하나', 지금의 5.18 기록관 뒤편 골목에 있었던, 가정집처럼 뜰이 있어 아늑한 분위기에다, 주인마담이 미인이었던 '세븐' 그리고 문화예술인들이 많이 찾은 충장로 3가 지금의 ACC호텔 자리에 있었던 '아카데미'였다. 이분은 사색의 장소, 시가 깃들 고요한 공간을 찾는다고 우리는 보았다.

사람을 쉽게 사귀거나 친화력이 있는 분이 아니어서 혼자일 때도 있었지만, 여기서 만나는 사람들은 주로 시인들이었다. 이동주李東柱 시인과는 비교적 자주 만나는 편이었는데, 문학 이야기를 하다가 가끔 농담을 주고받는 사이였고, 이수복李壽福 시인과는 산사의 스님들 대좌처럼 마주앉아, 낮은 어조로 진지하게 대화하는 것을 엿볼 수도 있었다.

이분은 젊은 시인들을 좋아했다. 그중에서도 박봉우朴鳳宇 시인을 특별히 사랑했다. 박 시인만 만나면 흐렸던 얼굴빛이 밝아졌고, 은근히 기다렸던 듯한 낌새였다.

박 시인은 신춘문예에 〈휴전선〉이라는 시로 등단, 문단의 관심을 끌었고, 곧이어 시집을 냈으며, 시 이야기만 나오면 열을 뿜는 다혈질이었다. 박 시인은 충장로에 끌린다고 했다. 충장로 1가에서 5가까지 왕복으로 혼자서 걷기도 하는 각별한 충장로 사랑이었다. 나와는 자주 만나는, 만나면 반가운 가까운 사이였다. 김 시인과 박 시인은, 그 긴 나이 차이에도 스스럼없이 자주 만났고,

긴 시간 마주앉아 있기도 했다. 두 분은 오후에 만나 석양녘까지 같이 있을 때가 많았다.

두 분 시인과 나, 이렇게 세 사람이 같이 만나는 경우도 있었다. 두 분 시인과의 저녁식사 자리에서 이런 저런 이야기를 하다가, 김 시인이 나한테 슬그머니 "시인을 어떻게 생각하느냐?" 부담스럽지 않게 질문을 했다.

"시인은 한 마디로 언어의 조탁사지요. 더 말씀드릴까요? 시인은 철학가요, 화가요, 조각가요, 건축가요, 음악가요, 운율편곡자요, 신부요, 목사요, 스님이요, 양자역학자요, 예지자요, 노동자요, 농민이요, 샤먼이요, 이 모든 것을 갈고 빚고 뭉치고, 이것을 또 발효시켜서 창조해 내는 말의 절간을 짓는 사람이지요."

짐짓 진지한체하며 읊어댔더니, 김 시인이 나더러 익살꾼이라고 손가락질하며 즐겁게 웃었던 기억이 있다.

김현승 시인은 젊은 시인들을 물끄러미 바라보면서, 무엇인가 생각하는 듯했다. "이 사람들, 나처럼 어떻게 하다 길을 잘못 든 시심詩心의 초년병들이다. 명예와 지위와 황금과 외교를 생각할 줄 모르는, 현실에서는 좀 비켜 서 있는…" 그들을 약간 측은하면서도 대견한 듯, 부모 같은 눈빛으로 지켜보곤 했다.

"왜 법과나 상과나 의과는 지망하지 않았을까. 저 사람은 영어도 잘하고 그러니 외교관 쪽으로도 생각해 보았음직한데, 기어코 시를 쓰겠다고 하니…"

그 넓고 화려한 길을 택하지 않고, 그 좁은 길, 시인의 길로 들어선 저들의 얼굴이, 저 웃음소리가 고맙게 느껴진다고 하기도 했다.

1950년대 중반, 한국문인협회 주최로 광주서석초등학교 강당에서 문학 강연회가 열렸다. 물론 강연을 들으러 온 사람들이 강당을 가득 채웠다.

첫 번째로 백철白鐵 문학평론가의 강연이 있었고, 다음이 김현승 시인의 강연 순서였다. '현대시는 왜 난해한가?'를 주제로 강연을 했는데, 그 내용은 이런 것이었다.

시는 근본적으로 또는 본질적으로 소설과 같은 산문보다는 난해할 수밖에 없다. 합리주의에 실망한 세기말의 시인들이, 역사적 필연에 의해서 새로이 창조해낸 언어가 상징의 언어이다. 상징적 언어의 특징은 명백한데 있지 않고, 애매한데 있다. (당시 강연에서, 김 시인은 심볼리즘(Symbolism)이라는 단어를 써서 상징성을 설명했다)

그러나 정확하지 못한 대신 그것은 풍부하다. 이리하여 19세기 말엽에 이르러 시의 표현은 과거의 단순과 명백에서 새로운 복합과 암시로 바뀌면서 새로운 표현법에 익숙하지 못한 독자들에게는 시가 난해하지 않을 수 없게 되었다.

시는 본래적으로 애매하기 마련이다. 그 이유는 복잡하지만, 시는 무엇보다 내면의 언어를 사용하고 있으며 또 그것을 극도로 절약하고 있다. 그래서 시의 매력인 리듬의 효과를 만들어내고 있다. 언어를 절약하자니 일체의 설명이 시에서는 용납되지 않는다. 이런 조건들은 시를 산문보다 어렵게 만드는 것이다.

시의 형식이 음악성으로부터 회화성으로 옮겨가면서 더 난해하게 되었다.

시의 매력과 특징은 음악성 곧 음률미音律美에 있었다. 회화적인 시에서는 어떤 감정이나 사상도 이미지로서 표현한다. 그 이미지를 감득하지 못할 때 시는 난해하게 된다.

가치의 막다른 골목에 직면한 시대가 현대라고 보고, 시인들은 아직까지 경험하지 못한 세계를 찾아 진입하려고 한다. 현대의 시인들이 한동안 무의식의 세계를 섭렵했던 까닭도 여기에 있다. 이와 같이 경험 이전의 세계를 탐구하면서, 현대의 시는 그 내용이나 형식이 달라질 수밖에 없고, 달라진 만큼 독자들에게는 생소하고 어려워질 수밖에 없다.

T.S. 엘리엇은 '시 해석의 역사는 오류의 역사'라고 설파했다. "시는 시인의 의도에 있는 것도 아니고, 읽는 사람의 해석에도 있지 않다. 그 중간 어디쯤에 있는 것이다. 그러니 난해할 수밖에 없다"고 했다.

한국 현대시의 난해성은 그 근원이 거의 서구의 현대시의 답습이나 모방에 있었다고 생각된다. 그 모방을 통해서, 한국의 시단에 새로운 바람을 불어 일으켰다고 볼 수도 있고, 나중에는 그 모방의 경지를 넘어서서 자기 자신의 시세계를 구축한 시인들도 있었기에 그것을 비난할 수만은 없다.

다음으로 등단한 연사가 당시 〈자유부인〉이라는 신문 연재소설로, 전국적인 화제를 일으키고 있었던 정비석鄭飛石 소설가였다. 바로 앞서 강연한 김 시인의 강연 내용 가운데서 심볼리즘과 보들레르라는 발음을 빗대서 웃음을 자아내게 하는 이야기를 해서, 다소 진지해진 분위기를 부드럽게 바꾸어 놓기도 했다.

당시, 조선대학교 교수로 재직하고 있었던 이분이 전체 학생들이 모인 자리에서 문학강연을 하게 되었다. 그 강연에 대한 학생들의 반응이 매우 높아 대학 당국에서도 만족해했다. 학생처장이 김 시인에게 가까이 다가와서 "김 교수님도 이제 중앙 문단에 데뷔하셔야죠" 했다는 것이었다. 저녁식사를 함께 하는 자리에서 김 시인이 쓴 웃음을 지으면서 나한테 해준 말이었다.

그 학생처장이 김 시인의 중앙문단에서의 위상을 모르고 지방이라는 선입견으로 실수를 한 것이었다.

김현승 시인은 1934년 숭실전문학교 2학년 때 양주동梁柱東 교수의 소개로 《동아일보》에 〈쓸쓸한 겨울이 올 때 당신들은〉, 〈아름다운 새벽은 우리를 찾아온다 합니다〉 두 편의 시를 발표함으로써 중앙 문단에 등단했다.

김현승 시인은 음악 이야기를 할 때, 가끔 김동진 작곡가를 기억하곤 했다. 두 분은 1913년생 동갑으로, 평양 숭실전문학교 동기동창이었다. 김동진 작곡가도 문과였는데, 음악 쪽에 관심을 갖고 있더라고 했다. 그대가 시를 쓰고, 내가 곡을 붙이는 노래를 만들어 보고 싶다고 말한 적도 있었다고 했다. 서울 숭실대학교 교가는 이 대학 교수였고, 동문인 김현승이 작사했고, 김동진이 작곡했다.

김 시인이 30여 년간 살았던 집(광주, 양림동 78번지)은 오래전에 헐리고, 대지는 싹둑 잘리어 네 필지로 나뉘어졌고, 그 위에 가옥 네 채가 들어섰다. 바로 뒷 터에는 중국에서 인민해방군가를 작곡해, 인민음악가로 추앙받고 있는 정율성의 생가(양림동 79번지)가 담 하나 사이에 두고 앞뒤에 자리하고 있다. 높은 탑 위에 서 있는 시인과 음악가 두 분의 생가는 복원되어야 한다.

가을

우주론과 관련된 신화의 층위에서, 가을은 두 가지의 서로 모순되면서도 같은 값인 상징을 갖추고 있다. 그 하나는 결실과 수확에 상응하는 풍요와 생명력에 관한 상징이고, 다른 하나는 시듦과 조락凋落에 상응하는 힘의 쇠퇴와 예비된 죽음에 관한 상징이다. 전자는 밝은 햇살과 다사로운 온기, 곡식 등으로 대표되고 후자는 낙엽과 서리, 차가움 등으로 대표된다.

'능금나무 수풀의 열매들이 익으면, 머언 하늘빛 넥타이를 매고, 릴케의 시집을 뒤적거리던 그 시간은 가을이었다. 맑은 언덕 위 따스운 잔디밭에 누워 성서의 여백을 보듯, 진종일 먼 창공을 보던 그 시간도 가을이었다.'

김 시인은 산문 〈가을의 사색〉에서 이렇게 썼다.

김 시인에게는 〈가을의 기도〉를 비롯해서, 〈가을의 입상〉, 〈가을이 오는 시간〉, 〈가을이 오는 달〉 등 가을이라는 낱말이 제목에 쓰인 시들이 많다.

이분은 가을에 생각나는 시로, 예이츠의 〈낙엽〉, 프랑스 시인 프랑시스 잠의 〈가을이 오면〉, 베를렌의 〈낙엽〉, 아폴리네르의 〈비는 내린다〉 그리고 독일 시인 릴케의 〈가을 날〉을 들고 있다.

이분의 내면 한쪽에는 역시 가을과 낙엽의 상념이 자리 잡고 있었음을 엿볼 수 있는 대목이다.

김 시인은 사계절 가운데서 가을을 가장 사랑한다고 했다. 가을 가운데에서도 초가을을 사랑한다. 가을의 정취가 무르익기로야 중추仲秋나 만추晩秋가 더욱 그러겠지만, 맑고 깨끗하고 어딘가 애틋해지는 기분이나 분위기가 초추初秋에서 가장 선명하게 느끼게 된다고 했다.

봄에는 가장 아름다운 사람을 만나는 것이 기쁨이 되고, 가을에는 가장 깊은 시를 얻는 것이 나의 기쁨이었다.

외로움이 있는 곳엔 가을마다 기도가 있었고, 그 기도에 리듬을 붙이면 시가 되었다. 가을의 샘에서 시를 길어 올리는 김 시인의 영상이 떠오른다.

> 눈들이 그렇게 맑은 가을입니다.
> 금남로의
> 푸라타나스 위로 바로 보는
> 검은 눈동자의 피로를 그렇게도
> 무한히 빨아들이는 하늘입니다.

김현승 시인의 〈가을 눈동자〉 첫 연이다.
 가을은 우리들의 눈이 맑아질 뿐 아니라, 그 무궁한 푸른 하늘은 우리의 눈동자로부터 모든 피로를 빨아들여준다고 했다. 가을은 맑은 눈을 통하여, 다시금 인생을 바라보고 문학을 통하여 쓰여진 모든 세상의 전리를 찾아보게 하는 이해의 시간이라고 했다.
 가을날에 우리는 시인 라이너 마리아 릴케를 생각하게 된다. 물론 그의 시 〈가을 날〉이 있기 때문이다. 가을의 풍요함, 가을의 고독 그것들의 고결한 품격을 릴케는 깊고 외롭고 깨끗하게 노래하고 있다.
 그는 독일어를 모국어로 사용하는 순수한 독일 가문에서 태어났지만, 체코의 프라하에서 출생하여 그곳에서 성장했다. 〈기도서〉를 문학적으로 수용한 『기도시집』은 자신의 시창작이 근본적으로 종교적인 치열성을 담고 있음을 암시하면서 멀리 있는 존재인 신을 향한 끝없는 날갯짓이라는 것을 외치듯 말했다.
 릴케의 시 〈가을날〉을 다시 읽는다. 릴케는 우리와 함께 가을 벌판을 걷고 있다. 넓은 벌판에 내리는 햇살과 그 속에서 빛나는 황금 들판은 시인의 입에서 '주여!'라는 낱말이 저절로 튀어나오게 한다.

주여! 때가 왔습니다.
지난 여름은 참으로 위대했습니다.

한마디의 낱말이 그의 가슴 속에 숨겨져 있던 고백들을 차근차근 끌어낸다. 시인은 여름의 완성에 이어, 가을을 '진한 포도주'에 깃드는 단맛으로 완성해주기를 신에게 기도한다.

릴케는 스무살에 고향 보헤미아를 떠나, 그 이후로 줄곧 방랑의 삶을 살다간 시인이다. 그에게는 고독과 방랑과 책 읽기와 편지 쓰기 그리고 산책의 삶이 전부였다. 타향의 외딴 다락방에서 책을 읽고 편지를 쓰다가 파리의 오래된 플라타너스 가로수길 사이로 쓸쓸하게 방랑하는 가을날의 릴케의 모습을 어렵지 않게 상상할 수 있다. 이 시는 '가득함'에서 '텅빔'으로 변해가는 시인 자신의 가슴의 벌판 모습을 그려 보여주고 있다.

김현승과 릴케는 성장 배경도 살아온 역정이나 환경도 다르다. 두 분은 다른 개성과 다른 감성을 보여주기도 한다. 그런데 파아란 가을 하늘 아래, 신 앞에 서 있는 모습, 두 분은 기독교 가정에서 태어났고, 신 안에 있다가 신을 부정하거나 회의에 빠졌다가 마침내 죽음 앞에서 신을 간절하게 찾는다. 고독은 그들로 하여금 인간 실존의 궁극의 모습에 눈 뜨게 했고, 인간존재의 긍정을 희구하는 예술정신의 흔적을 보이고 있으며, 전환기의 격동 속에서도 패배할 수 없는 고통을 온몸으로 겪으며, 그 치열한 삶을 문학적으로 승화시켰다는 그 지점에서 두 분 앞에서 경건해지는 것이다. 시의 궁극이 전실에 있다는 확신을 가진 두 분의 시정신을 더욱 우러러 보게 된다.

그래서 두 분이 가을 벌판을 나란히 걸어가는 그림을 그려본다.

릴케는 장미를 찬미하고 장미에 심취했다. 그런데 장미를 그토록 사랑한 시인이 장미 가시에 찔려 죽었다는 것은 지극히 놀라운 일이 아닐 수 없다. 그야말로 '순수한 모순'이다.

릴케가 운명했을 때 그의 가슴 위에는 그가 평소에 지니고 다녔던 러시아제 조그만 은빛 십자가가 놓여있었다. 기독교적인 신을 부정하기도 했던 그의 시신 위에 십자가가 놓여있었다는 것은 우리를 깊은 생각에 잠기게 한다.

그는 생전에 마을 뒷산 중턱에 있는 조그마한 교회의 뜰에 묻히기를 원했고, 그곳이 그의 영원한 안식처가 되었다.

릴케의 묘비명이 다양한 해석과 많은 논란을 일으켰다. 자기가 지은 비문을 새겨 달라는 그의 유언으로 만들어진 것이었다.

> 장미여, 오, 순수한 모순이여
> 그렇게 많은 눈꺼풀 아래 누구의 잠도 되지 않는
> 기쁨이여.

참으로 기이한 묘비명이다.

릴케, 아련한 향수, 그리움의 정서를 불러 일으키는 이 이름은, 그야말로 시인의 대명사라고 할 수 있다. 세계인에게 가장 많은 애송시를 제공한 불멸의 시인이다.

신神

먼저 헤르만 헤세의 시 〈기도〉를 읽는다.

> 신이여
> 나로 하여금

내 자신에 대하여
절망하게 하여 주시옵소서

그러나 당신에게만은
절망치 않게 하여 주시옵소서

나로 하여금
비탄을 맛보게 하여 주시고
고뇌의 불이
나를 휩싸게 하여 주시옵소서

나로 하여금
온갖 모욕을 겪게 하여 주시고
스스로 견뎌나감을
돕지 마옵소서
내가 발전하는 것도 돕지 마옵소서

그러나
나의 모든 고집이 꺾여지거든
그렇게 만드신 분이
당신이었음을 보여주소서

왜냐하면
나는 즐거이 멸망하고
즐거이 죽겠사오나
다만 당신의 품안에서만
죽을 수 있기 때문입니다

    김현승 시인은 기독교 목사의 집안에서 태어나, 어려서부터 천국과 지옥이 있음을 배웠고, 현세보다 내세가 더 소중함을 알았다.
    김 시인의 신앙의 궤적을 살펴보면, 이분은 모태신앙으로 신을 믿었고, 50대에 들어서서는 기독교에 대한 사색으로 회의에 빠지게 된다. 고혈압으로 쓰러져 사경을 헤매다가 회생한 뒤로는 구원인 신앙을 다시는 떠날 수 없다고, 이 신념이 변치 않기를 그의 신인 하나님께 간곡하게 엎드려 비는 모습을 보였다.

이분은 신의 아들이라는 종교적인 이유나 조건을 제외하고서도, 지상에 태어났던 인간 가운데서 그리스도를 가장 존경하고 모범으로 삼았다. 그 이유는 그만큼 양심을 소중하게 여긴 인간은 없다고 생각했기 때문이다.

예수 그리스도의 말은, 모두가 구체적이며 시적이다. 그의 행동도 그렇다. 그의 모든 생활 자체가 시다. 사복음을 읽으면 예수의 말과 행동을 통하여 시를 읽는 느낌이 든다. 그렇게 고결하고 인정 많고, 고독하고, 부드러우면서도 강할 수 있을까. 이 훌륭한 그리스도의 시가 내 시의 일생에 영향을 미치지 않았다고 말할 수는 없다고 고백하기도 했다.

김 시인은 〈눈물〉이라는 시를 쓰고 그에 대해서 이렇게 말했다. "내가 내 가슴의 상처를 믿음으로 달래고, 그러한 심정으로 썼다. 인간이 신 앞에 드릴 것이 있다면 그것이 무엇이겠는가. 그것은 변하기 쉬운 웃음이 아니다. 지상에서 오직 썩지 않는 것이 있다면 그것은 신 앞에서 흘리는 눈물뿐일 것이다."

이분은 또 이렇게 쓰고 있다. "신구약 성경이 신앙을 떠나서도 문학적으로 특별히 훌륭하다는 것은 대부분 아는 사실이지만, 그리고 구약의 시편들과 아가雅歌나 애가哀歌와 같은 것들이 훌륭하지만, 나는 그보다 신약을 더 좋아하고, 그중에서도 특히 사복음四福音을 좋아한다. 그 이유는 사복음에는 예수의 행동과 말이 적혀있기 때문이다. 사복음을 읽으면 예수의 말과 행동을 통하여 시를 읽는 느낌이다. 포괄적으로 말해서 신앙과 이상에 대한 긍정적 입장에서 초기와 중기의 시를 썼다"

그러다 김 시인은 나이 50대에 이르러, 거의 평생을 믿어 온 기독교에 대해 회의를 가지게 된다.

김 시인은 말한다. 항용 종교가 꾸준히 계속되면 몇 천 년 후에는 그 창시자를 인간이 아닌 신으로 믿는다. 그와 같이 예수도 한 인간에 불과한 것을 2,000년 후인 오늘에 신으로 모시게 되었다고 유추할 수 있다.

현실적인 이유로는 나는 거의 일생을 교회 안에서 살아왔다. 그러나 내가 얻은 결론은 교인들의 생활과 마음가짐이 일반 사회인들의 그것과 다름이 없다는 사실이다. 특유한 형식을 지키는 면에서만 다를 뿐, 생활면에서는 영靈중심의 교인들이 육肉중심의 사회인들과 다를 것이 전혀 없다. 이것은 나의 오랜 체험이 증명해주는 엄연한 사실이다.

나는 이러한 신과 기독교에 대한 회의를 일으키게 되면서 점점 인간에 대한 이해와 동정으로 기울어지게 되었다. 나는 인간의 현실에 살면서도 인간이라는 것을 너무 선험적으로만, 관념적으로만 생각하고 있었다. 나의 관심은 점점 천국에서 지상으로, 신에서 인간으로 갈등하며 변하게 되었다.

신은 과연 초월적인 존재인가 묻고 있다. 신이란 인간들의 두뇌의 소산인 추상적인 존재에 지나지 않는다는 확신을 갖게 된다. 인간 생활을 통일하기 위한 절대 진리, 절대의 법칙을 지탱하기 위해서는 초월적인 절대자의 존재가 필요했기에 만들어 낸 신이란, 두뇌의 소산에 불과하다는 생각에 이르게 된다.

김 시인은 이러한 내부의 변화를 그대로 감추어 둘 수 없었다. 그는 내부의 변혁을 〈제목〉이란 시로 처음으로 발표했다.

떠날 것인가
남을 것인가
나아가 화목할 것인가
쫓김을 당할 것인가

어떻게 할 것인가
나는 네게로 흐르는가
너를 거슬러 내게로 오르는가
〈중략〉

하나인가
그중의 하나인가

어떻게 할 것인가
뛰어들 것인가
뛰어넘을 것인가

파도가 될 것인가
가라앉아 진주의 눈이 될 것인가

어떻게 할 것인가
끝장을 볼 것인가
죽을 때 죽을 것인가

무덤에 들 것인가
무덤 밖에서 뒹굴 것인가

시 〈제목〉을 계기로 하여 그의 시 세계는 적지 않은 변화가 일어난다. 그는 중기까지 유지해왔던 단순한 서정의 세계를 떠나, 신과 신앙에 대한 변혁을 내용으로 한 관념의 세계에 발을 들여

놓았다. 그리하여 정신상의 문제로 그는 인간으로서 새로운 고독에 직면해야 했다.

시 〈절대고독〉을 읽는다.

> 나는 이제야 내가 생각하던
> 영원의 먼 끝을 만지게 되었다.
>
> 그 끝에서 나는 눈을 비비고
> 비로소 나의 오랜 잠을 깬다.
>
> 내가 만지는 손끝에서
> 영원의 별들은 흩어져 빛을 잃지만
> 내가 만지는 손끝에서
> 나는 내게로 오히려 더 가까이 다가오는
> 따뜻한 체온을 새로이 느낀다.
> 이 체온으로 나는 내게서 끝나는
> 나의 영원을 외로이 내 가슴에 품는다.
> 〈후략〉

이어서 〈고독의 끝〉 마지막 연을 읽는다.

> 무덤에 잠깐 들렀다가,
> 바람도 따르지 않는
> 곳으로 떠나면서 떠나면서
>
> 내가 할 일은
> 거기서 영혼의 옷마저 벗어 버린다

그는 이 시에서 육체가 죽은 뒤에는 영혼만 남는다는 그의 사상까지도 버리고, 완전한 고독의 무無 속으로 잠기고 있다.

시 〈절대고독〉에서는 신의 무한성이나 절대성이 실재하지 않음을 비로소 깨달았음을 고백했고, 그 무한이나 영원은 결국 그 자신의 생명에서 끝나버린다는 것을 노래했다.

김 시인이 신앙을 버리고 신을 부정한다면서도, 다만 한 가지 끝까지 부정할 수 없는 것이 있었다. 그것은 인간의 양심이다. 그는 윤리적으로 현실적으로 신을 부정하면서도 그 안에서 활동하고 명령하고 있는 양심은 부정할 길이 없었다.

종교의 문제는 종교에 국한된 문제가 아니다. 그것은 인간의 근원적인 생에 관한 보다 본질적이고 보편적인 문제이다. 종교를 회의하고 비판하는 것도 결국은 이러한 종교에 더 완전히 귀의하고 싶은 심정의 변용적인 표현일지도 모른다.

1973년 2월 김현승 시인은 고혈압으로 쓰러져 정신을 잃고 병원에 입원했다. 며칠 후 김 시인이 의식을 회복했을 때는 퇴원 후 집안 방에 누워있을 때였다. 사람들의 얼굴이 안개 속에서 보는 것 같이 희미했다. 이런 상태로 얼마 동안을 지내다가, 완전히 의식을 회복하기는 3개월쯤 지난 후였다. 아버지와 형이 목사인 기독교 집안에서 청년시절에는 교회를 섬기는 것은 물론, 더러는 성단聖壇에 올라서서 설교도 했던 김 시인이 50을 넘기면서부터 신앙과 멀어지게 된 자신을 되돌아 보게 되었다.

결국 그는 문학세계에서는 이름도 얻었고, 실적도 쌓았지만 그만큼 신앙을 잃고, 천국을 향하는 길에서 까마득하게 멀어졌다고 느끼게 되었다.

그는 이렇게 고백했다.

"나의 신앙적 배반을 오래 참고 보시다 못하여 나를 주관하시는 하나님께서 나를 치셨다. 나를 치셔서 영영 쓰러뜨렸더라면, 나는 그때부터 지금까지 지옥의 불구덩이 속에서 후회막급하며, 구원을 부르짖고 있을 것이다. 그러나 하느님께서는 나를 다시 깨어나게 하시어 나의 과거를 회개할 기회를 주시고, 그리하여 나는 고혈압 증세를 앓기 전보다 신앙을 더욱 회복하고 나 자신의 죄과를 깨닫고, 신앙에 정진하려고 노력하고 있다. 내가 병후에 첫째로 해야 하고, 한 일은 나의 문학관의 개조와 혁신이었다. 나는 20대에 문단에 나와 지금까지 반생 이상을 시를 썼다. 그러나 나는 목사의 아들인 시인이면서도, 한 번도 우리 사회에서 발행하는 신문이나 잡지에 신앙 중심의 시를 발표한 일이 없다. 나는 이 사실을 참회했다. 내가 받은 시재詩才는 어디로부터 받은 것인가. 그것은 하나님께서 주신 것이지 지상의 어느 누가 내 가슴과 머리속에 넣어준 것도 아니고, 넣어줄 수도 없다.

이제는 나의 신앙생활에 더욱 힘써 회개와 자복과 실천으로 더욱 힘써 나아가야하고 나아가겠다. 끊임없는 하나님의 돌보심과 축복 속에 나의 영혼과 육체의 건강이 더욱 더욱 튼튼해지도록 무릎을 꿇고 빌어야겠다."

어거스틴의 『참회록』을 펼친다.

어거스틴의 『참회록』은 기독교 역사상 가장 영향력 있는 성서이다. 서방교회의 4대 성자 중 한명인 어거스틴의 진솔하고 참된 고백을 담고 있다. 어거스틴의 방황과 회심을 살펴보면서 끝없는 하나님의 은혜를 만날 수 있을 것이다.

이렇게 써 있다.

"이제 주님이 지으신 만물 가운데, 한줌의 흙에 불과하고 죄로 말미암아 죽을 수밖에 없으며, 교만으로 가득 찬 인간이 입술을 열어 감히 주님을 찬양하려고 합니다. 당신의 피조물이며, 미천한 인간이 당신을 찬양하려 합니다.
나는 아직도 너무 미약하오니, 당신을 영접 할 수 있도록 나를 영적으로 자라게 하소서, 폐허와도 같은 나의 영적 상태를 고쳐주소서, 내 안에는 주님 눈에 거슬리는 것이 너무나 많습니다. 이 사실을 알고 있기에 고백합니다."

톨스토이의 『참회록』도 있다.
『전쟁과 평화』, 『안나 카레니나』 등의 소설을 발표하여 세계적으로 명성을 얻었고, 경제적으로도 풍요로웠으며 육체적으로도 아직 건강한 50대였다. 그런데 '나는 왜 살아야 하는가', '삶의 의미란 무엇인가!' 삶의 근원적인 질문에 몇 년 동안 몸부림치면서 그 해답을 구하려고 했다. 그러나 답을 얻지 못한다. 절망만 깊어 갔다. 심각하게 자살까지도 생각해 본 적이 있었다.
결국 톨스토이가 오랜 고민과 탐색 끝에 내린 결론은 "신을 구하며 살라. 그러면 신이 없는 삶이 없어지리라" 이것이었다.
김현승 시인은 마지막으로 제목도 없는 이 시를 남기고 하나님 나라로 갔다.

주여, 이 고요한 시간을
당신에게 바칩니다.

주여, 이 시간은
가장 정결하게 비어 있습니다.
빈 그릇과 같이 가득 차 있습니다.

당신의 고요한 은혜로
가득 차 있습니다.

주여, 이 시간엔
한 방울 한 방울
떨어지는 소리만이 들립니다.
눈물의 소리만이 들립니다.

주여, 이 시간엔 잃게 하소서
요란한 말들을 잃게 하소서
그리고
나의 눈물 소리와
나의 눈물 소리만이 떨어져
이 빈 시간을
채우게 하소서

고독

군중 속에 갇히지 않고
군중의 술을 마시지 않는다

김현승 시인은 〈고독한 이유〉에서 이렇게 썼다.
　나의 삶의 가치를 자연이나 대세의 합류에서 구하려 하지 않는다. 나는 나 자신의 확고한 이념으로써, 자연을 변형 시키고 지배하려 한다. 자연대로 대세대로 사는 것이 아니고, 어떻게 사는 것이 옳고 그른가에 비평을 가함으로써 보다 보람 있는 가치를 추구해야할 줄 안다.
　그러므로 나는 삶을 자연의 상태에서 즐기기보다는 언제나 비평의 상태에서 괴로워하지 않을 수 없다. 내 얼굴의 주름살에 아마도 이런 비밀이 보일 것이다. 그 주름살은 반드시 나의 위장병이라는 신체적 조건에서만 생긴 것은 아닐 것이다. 따라서 사회적으로 문단적으로 고독할 수밖에 없다. 내 고독의 현실적 이유는 그런데 있다고 나 자신은 느끼고 있다.

고독은 하나의 시인으로서, 나에게 가장 절실하고, 가장 가치있는 신앙과 관련된 문제였다. 그러므로 내가 근년에 표현하는 고독은, 나 자신과 유리된 문제가 아니고 고독 그것이 바로 나와 같은 모든 인간과 밀착된 가치라고 할 수 있다. 그러므로 내가 여러 가지 제목으로 쓴 고독의 시는, 곧 나 자신의 표현이라고 단정할 수 있다. 이분의 발언은 계속된다.

나는 인간으로서 새로운 고독에 직면해야 하게 되었다고 술회한바 있다. 한마디로 신을 잃은 고독이다. 내가 지금까지 의지해 왔던 거대한 믿음이 무너졌을 때 허공에서 느끼는 고독이었다. 나의 고독은 구원에 이르기 위한 고독이 아니라, 구원을 잃어버리는 구원을 포기하는 고독이다. 수단으로서의 고독이 아니라 나의 고독은 순수한 고독 그 자체일 뿐이다.

그의 고독은 기독교 신앙인으로서 신앙적 갈등과 인간적 고뇌의 틈바구니에서 생성된 그만의 고독, 신이 존재하지 않는 허무주의자의 극단과는 다르며 그의 시가 보여주는 고독의 성격은 신을 잃어버린 고독, 순수한 고독 그 자체였다. 신을 거부한 고독의 추구는 결국 지향의 대상이 종교적 신앙의 이상 세계에서 시인 자신의 영성靈性 안으로 내면화 하는 과정이었다고 말할 수 있겠다.

김 시인은 또 이렇게 말한다.

"나는 고독을 사랑한다. 거절할 수 없는 떼어내 버릴 수 없는 고독을 사랑하며 그와 함께 나의 길을 걸을 수밖에 없다. 나의 고독은 보다 근원적인데서 오고 있다. 신을 잃어버렸기 때문이다."

기독교의 절대적 가치의 세계에서 한정되지 않는 보다 근본적으로 보편성을 지니는 가치를 추구하겠다는 것이니, 결국 인간다운 기본 정신을 탐구해보자는 것이다. 결국 인간다운 기본 정신의 가치를 우위에 두겠다는 천명이다. 그만큼 신과의 거리는 멀어지게 된다. 그의 고독이 추구하는 세계는 결국 진실과 양심의 소리가 될 것이다.

지금까지 그가 의지했던 신에 대한 관념과 일상의 습관성이 무너지면서, 그의 타고난 기질적인 고독은 깊어지지 않을 수 없게 된다. 최후에 남는 것은, 남아야할 것은, 자기 자신뿐이다. 자신의 양심과 이성과 정의감뿐이다. 이렇게 확신하게 된다.

그의 시 〈인간은 고독하다〉를 읽는다.

> 가장 아름답던 꿈들의
> 마지막 책장을 넘기며
> 우리는 깨어진 보석들의 남은 광채를 쓸고 있는
> 너의 검은 그림자를 바라본다
> 그리하여 모든 편력에서 돌아오는 날
> 우리에게 남은 진리는
> 저녁 일곱시의 저무는 육체와
> 원죄를 끌고가는 영혼의 우마차牛馬車
> 인간은 고독하다
> 〈중략〉
> 이 간곡한 자세―이 절망과 이 구원의 두 팔을
> 어느 곳을 우러러 오늘은 벌려야 할 것인가

시인은 절망과 구원의 두 팔을 동시에 갖고 있는 자신의 모습을 처절하게 확인하게 된다.

> 내가 할 일은

거기서 영혼의 옷마저 벗어버린다

　김 시인은 〈고독의 끝〉에서 영혼의 옷마저 벗어버린다.
　김현승 시인은 까마귀를 사랑했다. 까마귀를 하늘의 유랑시인이라는 이미지로 또는 침묵의 새라고 표현했다.

　　저녁 하늘이 다 타버려도
　　내 사랑 하나 남김없이
　　너에게 고하지 못한
　　내 뼛속의 언어로 너는 울고 간다

　시 〈산 까마귀 울음소리〉의 마지막 연이다.
　까마귀를 소재로 해서 인간의 고독을 형상화하기도 했다. 인간의 고독과 인간들의 천형天刑을 자기 한 몸에 그 빛깔과 그 소리로 집중하여 형상화한 새로, 시인의 마음의 눈에는 보였던 것이다.
　김 시인은 이렇게 썼다.
　우리가 아무리 많은 시를 쓴들, 아니 내가 아무리 많은 시를 평생을 내어뱉은들, 그것들이 겨울 까마귀의 울음소리만큼 사람들의 귀와 가슴에 부딪칠 수는 없을 것이고, 느끼고 생각하게 할 수도 없을 것이다. 나는 겨울에 많은 시를 썼고, 또 지금도 쓰고 있다. 그러나 나는 표현에 있어 언어라는 것의 기능에 회의를 품은 지 오래이다. 나이를 먹고 시가 늘수록 이 회의는 더욱 짙어지고, 까마귀의 외마디 울음소리보다 못한 나의 시라는 것을 깨닫게 된다.
　모든 빛깔을 억누른 검은 빛깔로 저 자신을 두르고, 기쁨과 슬픔을 초월한 거친 소리로 울고 가는 광야의 시인 저 까마귀의 소리를 귀 기울여 들어보라.

고독한 영혼들이 있다. 고독에 갇힌, 고독에 사로잡힌 현대인들이 있다. 하늘과 땅 사이에 나 홀로 서 있는 고독, 신과의 거리에서 오는 고독, 광장 가운데서의 고독, 군중 속에서의 고독, 이방인의 고독, 이별이나 상실에서 오는 고독, 속박과 단절에서 오는 고독, 까마귀 울음소리에서 듣는 고독, 노벨문학상 수상작가 가브리엘 가르시아 마르케스의 『백년의 고독』도 있다.

삶의 내공은 고독을 견디는 힘에 비례한다는 말도 있다. 고독한 존재는 아무도 믿지 않고 누구에게도 의존하지 않기에 자신을 더욱 굳세게 만들고, 견고해질 수밖에 없다.

시, 〈견고한 고독〉에서

> 어느 햇볕에 기대지 않고
> 어느 그늘에도 빚지지 않는
> 단 하나의 손발

김 시인은 이렇게 노래했다.

국창이라 부를 만큼 명창이었던 어느 소리꾼의 이야기다. "모름지기 예인藝人은 고독해야 한다" 스승이 죽비처럼 말했는데 울림이 있었다. "촛불처럼 몸의 진액을 전부 태워 그 재를 소리로 빚어내려면, 고독해야 한다. 산이나 동굴 안에서, 산의 기상이나 동굴 속의 음기를 빨아들여, 육체와 영혼에 녹여 소리로 뿜어내기 위해서는 고독해야 한다.

나는 밤에 집안에 불을 켜지 않는다. 밤이면 어두워야지 불빛이 반짝거리는 집안에는 사특한 잡것들이 날아다니게 된다. 어두워야, 캄캄해야 고독해진다. 깊은 고독 속에서만 영혼의 소리, 생명의 소리들을 들을 수 있다."

소리꾼은, 가끔 용맹정진하는 수좌들이 독선獨禪을 하곤 하는 동굴로 들어갔다. 동굴은 천연의 바위굴이었다. 득음得音은 독공獨功에서 이루어진다 다짐하고, 소리꾼은 찾아들어간 고독 속에 잠겼다.

임제 스님이 말했다. 부처를 만나면 부처를 죽이고, 조사祖師를 만나면 조사를 죽여야 한다. 그래야 비로소 어떤 경계에서 갇힌 세계에서 자유로워진다.

스승은 말했다. 동편제, 서편제 다 넘어서라. 그러고 나면 그 위에 올라선 새로운 나를 보게 된다.

소리꾼의 그 고독은 시간이 멈추어 버린 것이었다.

동굴에 들어온 지 석 달이 지났다. 여인이 소리꾼을 찾아 올라왔다. 사랑하는 남자를 기다리다 못해 찾아온 것이었다.

소리꾼은 단호하게 거절했다. 만날 수 없다는 것이었다. 고독에서 벗어나게 되어, 혼란스러워진다는 것이었다. 울면서 만나기를 간청했으나, 소리꾼은 끝내 동굴에서 얼굴을 내밀지 않았다.

소리꾼의 독공은, 흔들림 없이 계속 되었다. 여인은 지병에다 연인을 잊지 못해 뒤척이는 고통 속에서 숨을 거두고 말았다.

소리꾼은 동굴에서 나오지 않았다. 그는 그지없는 고독 속에서 피를 토하는 소리에 파묻혔다.

이 세상이 처음 열린 날로부터, 오늘날에 이르기까지 가장 고독했던 사람은 누구일까.

미국 아폴로 11호 달 탐험 비행의 조정을 맡았던 마이클 콜린스는, 1969년 7월 16일, 인류 최초로 달에 갔지만, 본인은 달을 밟지 못하고, 다른 비행사(암스트롱 올드린)들이 달 표면에 머무는 동안 우주선에 남아 홀로 달의 궤도를 돌았다. 동료들이 달 표면에 있는 동안, 48분간 달의 뒷면 지구 궤도를 돌때에는 모든 통신이 끊어진 상태였다.

콜린스는 지구로부터 가장 먼 거리에서 칠흑 같은 어둠 속에서 홀로 우주비행을 했다. 그는 지구에도 달에도 없는 제 3세상 인간으로 완벽하게 혼자였다. 천지간에 나 혼자였다. 극한의 고독이었다. 그러나 고독을 느끼거나 생각할 틈새가 없었다.

시간이 흘렀다. 이윽고 스멀스멀 밀려오는 고독감, 그러다가 갑자기 두려움이 엄습했다. 여기서 슬그머니 상상력이 날개를 폈다. 조그맣게 뭉쳐진 보석처럼 빛나는 지구를 본다. 우주선의 주인은 누구인가. 우주에 나 혼자 떠있다. 나는 별이다. 내가 혹시 하늘의 컬럼버스일까. 우주의 역사를 처음으로 내가 쓴다.

차츰 고독감이나 두려움은 사라지고, 환희의 빛이 내게로 오는 것 같다. 저 빛을 안고 흘러가리라. 그렇다. 우주를 아는 이는 오직 신과 나뿐이다. 콜린스는 고독의 한계상황 속에서 나에게로 오고 있는 나를 발견했다.

김현승 시인은 1969년에 시 〈우주인에게 주는 편지〉를 썼다.

세계적인 명성을 얻은 예술가, 철학자들의 고독에 대한 한 마디 말, 고독에 대한 글 한 대목을 여기 펼친다.

베토벤은 "음악은 고독의 침묵 속에서, 우리를 신에게로 인도한다"고 했고, 피카소는 "위해한 고독을 경험하지 않고서는, 진정한 창조적 작업은 불가능하다"고 했으며, 쇼펜하우어는 "고독을 사랑하지 않는 사람은, 자유를 사랑하지 않는 사람"이라고 했다.

『인형의 집』을 쓴 노르웨이 극작가 헨릭 입센은 "세상에서 가장 강한 사람은, 가장 고독한 사람"이라고 했다.

폴란드 출신의 사회학자 지그문트 바우만은 "외로움으로부터 도망치는 사람은 고독의 기회를 놓친다. 고독을 한 번도 맛보지 못한 사람은 자신이 무엇을 박탈당했고, 무엇을 버렸고, 무엇을 놓쳤는지조차 영원히 알 수 없다"고 했다.

『슬픔이여 안녕』을 쓴 프랑스 소설가 프랑수아즈 사강은 또 이렇게 말했다. "제 작품의 테마는 고독입니다. 사랑은 고독의 유일한 완화제입니다. 인간의 고독을 어떻게 극복할 수 있느냐가 저에게는 가장 중요한 테마입니다"

덴마크의 실존주의 철학자 키에르케고르는 "인간만이 진실로 절망할 수도 있고, 인간만이 진실로 그 절망의 저편에 자리 잡고 있는 고독의 즐거움을 맛볼 수 있다"고 했다.

이어서 릴케의 말을 들어본다.

"고독은 근본적으로 우리가 택하거나, 버릴 수 있는 성격의 것이 아니라는 것이 점점 뚜렷해집니다. 우리는 고독한 존재입니다. 우리는 마치 그렇지 않은 듯이 스스로를 속이고 행동할 뿐입니다. 우리의 사랑은 두 개의 고독이 서로를 보호해주고, 서로의 경계를 그어놓고 서로에게 인사하는 사랑입니다"

『이방인』, 『페스트』를 쓴 노벨문학상 수상작가 알베르 카뮈의 어머니는 선천적으로 귀가 어두웠고, 문맹이었다. 카뮈는 아버지 없이 자랐던 어린 시절, 어머니의 그 기이한 무관심의 깊이를 헤아릴 수 있게 해주는 것은 세계의 광대한 고독밖에 없다고 썼다. 어머니의 고독은 아들의 고독을 낳았고, 아들은 고독 속에서 어머니를 둘러싼 고독의 깊이를 헤아리면서, 자신만의 문학세계를 만들어 갔던 것이다. 카뮈의 글에서 어머니가 다양한 이미지로 변용되는 이유는 어머니가 문학의 원천이었기 때문이다.

1994년 노벨문학상 수상작가, 일본의 오에 겐자부로[大江健三郎], 아들이 태어났다. 그런데 두 개의 뇌를 가진 희귀한 장애아였다. 수술을 해서 생명은 건졌지만 언어장애, 행동장애, 자폐증, 종종 심한 간질발작, 그 아들을 바라보던 오에는 아들 이름을 히카리(빛)라고 지었다.

히카리는 여섯 살이 될 때까지, 아파도 아프다고 하거나, 눈물을 흘린 적이 없었다. 또한 주위의 어떠한 소리나 움직임에도 반응을 보이지 않았다. 누군가의 도움 없이는 한시도 살아갈 수 없는 중증 장애인이었다. 무엇보다 히카리를 보는 주변사람들의 곱지 않은 시선이 소화하기 어려웠다.

그러나 히카리는 침묵이었다. 고독한 영혼이었다. 고독이라고 느낄 수도 없을 만큼 침잠했다.

아버지 오에는 말했다. "이것은 고독이 아닙니다. 고독 이전이었거나, 고독을 넘어선 것입니다. 고립무원의 히카리가 나를 보는 눈, 그 속에는 비탄이 잠겨있습니다. 히카리의 황량한 눈빛에는 비탄 덩어리가 드러나 있습니다"

그 뒤 어느 날 산책길에서 어디선가 뜸부기 소리가 들려오자, 히카리가 오에 부부의 손을 잡아끌며 "아빠, 엄마"를 불렀다. 히카리가 세상에 태어나서 처음으로 한 말이었다.

히카리는 장성해서 영혼의 울림인 두 장의 음반을 낸 작곡가로 작업을 하게 되었다.

고독은 자신과 다시 만나게 된다고 한다.

어떤 사람은, 자신을 고립시키는 고독함을 두려워하지만, 어떤 사람은 타자와 분리되어 완전한 자유를 느끼며 자연스럽게 고독한 삶을 살아가기도 한다. 고독은 고립에 대한 긍정적인 경험,

즉 자신과 함께 있기 위해 다른 사람과 분리되는 유익한 방법으로 표현된다.

프랑스의 철학자 존 쿠퍼 포위스는 그의 『고독의 철학』에서 '고독은 비심리적, 비개념적 사고로서 존재론적이며, 지성적으로 교감하는 기회'라고 설명한다. 고독은 존재지향으로 영감의 원천이 된다는 것이다.

영혼을 변화시키는 것이, 고독의 힘이라는 견해도 있다. 인간의 모든 불행은 고독할 줄 모르는데서 온다고 했다. 혼자 있는 능력을 자아 발견과 자아실현, 즉 내면의 가장 깊은 곳에 있는 욕구와 충동, 감성을 인식하는 것과 관련지어 설명한다.

천재를 만드는 것은 8할이 고독이라고 한다.

발명가 에디슨, 애플의 창업자 스티브 잡스는 고독한 독불장군이었다.

여기서 잠시 서정에 젖어 시적 상념에 잠기는 시간을 갖는다.

> 차 끓이며 끓이며 외로움이 향기인 양
> 마음에 젖는다.
> 가을이 깊어간다. 밤에 호올로 커피를 끓이는
> 나의 고독도 깊어간다.
> 이러한 밤에는 서울의 하늘에 갈가마귀
> 울음소리라도 들리면 좋겠다.

자세를 바로하고 앉아 시를 읽고 싶은 시간이다. 누구의 무슨 시를 펼칠까. 역시 영국의 낭만파 시인 윌리엄 워즈워스.

그가 '고독의 축복'이라는 표현을 쓴 시 〈나는 구름처럼 홀로 방황했네〉를 만나게 된다.

나는 구름처럼 홀로 방황하였네
골짜기와 높은 언덕 위에 떠다니는
저 구름처럼
그때 갑자기 나는 그 무리 중 보았네
한 무리의 황금빛 수선화를
호숫가에서 나무들 아래서
바람에 흔들리며 춤추는 것을
은하수 길을 따라 반짝이는 별들은
끊임없이 이어지네
수선화들은 끊임없이 펼쳐져있네
흥겹게 머리는 흔들거리며 춤을 추는 모습
수선화 옆 파도들도 춤을 추네
허나 파도들의 춤은 수선화들의 흥거움보다는
덜하네
어떻게 시인은 즐겁지 않을 수 있으리
이 유쾌한 수선화들과 함께 하는데
나는 보고 또 보았지만
그때는 미처 알지 못했네
이 아름다운 광경이 나에게 얼마나 많은 걸
가져다주었는지
아직도 소파에 가끔씩 나는 눕네
마음을 비우거나 깊은 생각에 잠길 때면
수선화들이 나의 내면의 눈 사이로
스쳐지나가네

내면의 눈, 고독의 축복이지
그리고 나면 나의 마음은 기쁨으로
가득 차네
그리고 나는 수선화들과 함께 춤을 추네

커피

1970년대 초쯤으로 기억된다. 나는 그때 서울 MBC-TV에서 일하고 있었다, 서대문 근처에 자리 잡고 있었던 사옥이, TV브라운관을 본떠 창문을 설계했다고 해서 화제가 되었고, 옥상에 오르면 당시에는 광화문 일대와 북한산, 경복궁, 청와대까지 한눈에 들어왔다. 지금의 경향신문사 사옥이다.

이 건물 9층까지는 MBC가 들어가 있었고, 10층부터 17층까지는 문화관광호텔이라는 이름의 호텔이었다. 그 11층에 리베라는 커피숍이 있었다. 김현승 시인이 내방해서 그 리베에서 커피를 마셨다. 커피 맛이 특별히 좋다는 상찬이었다.

그 뒤에도 퇴근길에 나를 찾아주어 커피를 마시면서 이런저런 이야기를 나눌 수 있는 기회가 있었다.

그때 나는 극작가가 되고 싶었다. 신춘문예 희곡부문에 입상한 바도 있었고, 문학잡지에서도 내 작품을 게재해주었으며, 특히 라디오 방송에서는 프로그램의 고정 작가, 단막극, 연속극 집필도 경험했던 시절이었다. MBC 라디오에서 10년만 일하고, 퇴직해서 작품에만 전념 몰입해 보고 싶었다. 이런 고민거리를 놓고 그분과 대화하며, 자문을 구했던 일도 있었다. 이 이야기는 그분이 쓴 산문에도 보인다.

그랬는데 TV일을 처음 해보니, 이것은 내가 잠재적으로 꿈꾸었던 신천지였다. 여기는 진실로 나의 호기심과 상상력을 자극하는 신세계였다. 그리고 전업작가 생활이라는 것이 가정을 가진 사람으로서 단순한 것이 아니었다. 결국 나는 TV프로그램을 기획하고 제작하는 일에 푹 빠지게 되었다.

얼마 동안의 시간이 지난 뒤, 김 시인으로부터 전화가 걸려왔다. 리베 커피가 생각나서 가고 싶은데 시간을 낼 수 있겠냐고 했다.

김 시인은 수색에 살고 있었는데, 당시 수색은 서울 중심에서 멀리 있는 시골 같은 곳이었다. 수색에서 서대문까지는 버스로 족히 한 시간은 걸리는 먼 거리였다. 시내에 나올 일이 따로 없는데 순전히 리베의 커피를 마시기 위해 그 먼 거리를 온다는 것이었다. 커피를 참으로 좋아하는 분이라는 것을 새삼스럽게 느꼈다. 커피를 마시면서 리베의 커피에 다시 한 번 최고의 찬사를 아낌없이 표현했다. 우리나라에서 최고 수준의 커피 맛과 향기를 끓여 내놓았다고 했다.

김 시인은 1970년 〈나의 커피론〉에서 이렇게 썼다.

"다방의 커피를 마시면, 만족을 느끼지 못할 때마다 언제나 이런 생각을 하게 된다. 값은 더 올려도 괜찮으니, 서울 넓은 천지에 단 한곳만이라도 커피를 정량과 정식으로 끓이는 다방이 있으면 좋겠다. 서울의 인구라면 그런 다방 하나 둘 쯤은 소화할 수 있을 것 같다"

리베의 커피를 마셔보기 전에 쓴 글이다. 최고 수준의 커피라고 격찬했던 리베의 커피를 마셔본 뒤에, 커피 이야기를 썼더라면 어떻게 썼을까 궁금해진다.

그분은 또 이렇게 말했다.

나는 미각과 후각이 가장 신선한 10대부터, 외국인들이 제대로 끓인 질 좋은 커피를 마실 수 있었으므로, 시작에서부터 커피에 관한한 높은 수준에서 미각의 훈련을 받았다고 할 수 있다.

나는 이제는 주전자 꼭지에서 보이는 커피의 빛깔만 보고도, 그 커피가 좋은지 나쁜지를 짐작할 만큼 커피에 대한 감각은 거의 입신入神의 경지에 들어있다.

나는 40대까지만 해도 커피를 잔으로 마시는 것이 아니라 사발로 마셨다. 왜 그런지, 아침이 아니고 밤에 마시는 호젓한 커피가 더 맛있었다. 밤에 커피를 마시면 잠이 오지 않는다는 말은 내게는 하나의 신화와 같기만 했다.

이분의 커피 이야기는 계속 된다.

나와 커피의 관계는 처음에는 내가 커피를 좋아하다가, 이제는 커피가 나를 좋아할 정도로 밀접하다. 크림이 커피 속에 스며들어 완전조화의 가장 매력적인 빛깔을 이루듯, 나와 커피와의 관계는 그렇게 밀접하다. 내가 집중적으로 커피를 즐기기 위하여, 술과 담배를 안 하는 것을 사람들은 잘 모른다.

다방에 가서 커피를 마실 때 가장 신경을 쓰는 것은, 커피에다 크림을 따르는 레지들의 솜씨다. 크림 값이 비싸서 그러는지 대개는 하얀 크림을 새똥 갈기듯 찔끔 쳐주고 간다. 나는 불만스러운 표정으로 좀 더 치라고 한다. 그러면 웬일인지 이번에는 크림의 홍수라도 만들듯 푹 쳐주고 가버린다. 과불급過不及이라는 문자와 미운 놈 떡 한 개 더 준다는 속담을 바로 이런 때 생각해내면서도 나는 역시 불만스러운 표정으로 싱거운 밀크 커피를 마시지 않을 수 없게 된다.

이분은 미각뿐 아니라 해박한 지식과 긴 시간의 경험으로 전문가 이상의 커피 끓이는 법을 알고 있었고, 이론과 원칙을 강의할 수 있을 정도로 높은 수준의 식견을 갖고 있었다.

이분은 찾아온 손님에게 술을 내놓는 일은 없었지만, 커피를 직접 끓여 대접하곤 했다. 그때 설탕은 얼마나, 크림은 또 얼마나 넣을지 손님에게 물어보지 않고, 마음대로 척척 넣어 버렸다. 자기 손은 커피의 경우, 타자의 추종을 불허하는 절대 표준이며, 절대적인 권위라고 스스로 믿고 있었기 때문이었을까.

이분의 커피 이야기는 끝이 없다.

커피는 세 번 마신다고 했다. 첫 번째는, 다방 문 들어서자마자 우선 확 풍기는 커피 내음을 코로 마신다. 두 번째는, 종업원이 갖다 놓은 커피 잔의 까만 빛깔을 눈으로 마신다. 세 번째는, 잘 저은 커피를 한 모금 혓바닥 위에 올려놓고 궁굴린다. 그러면 좋은 커피는 혓바닥 위에 맹물처럼 빙그르르 구르지만, 나쁜 커피는 입안과 이 사이에 텁텁하게 스며버린다.

커피를 마실 때, 커피에서 피어오르는 그 향까지 마시게 되는데 거기서 오는 커피향 효과는 마시는 사람의 기분을 가라앉은 상태에서 위로 끌어 올려주기도 한다고 했다.

세계 최초의 커피 하우스는 1475년 오스만 제국의 콘스탄티노플(지금의 터키 이스탄불)에 있었다고 한다. 창가로 내려쬐는 햇살을 안고, 달그락거리며 찻잔에 부딪치는 소리를 내면서 대화함으로써, 그들의 세계가 하루가 다르게 팽창하던 시절, 커피 하우스는 다양한 인종과 철학 그리고 시와 음악과 건축, 그림, 조각 등이 휘황찬란하게 빛나는 이야기의 꽃을 피우는 살롱이었다. 철학과 시와 음악과 미술, 문화 예술의 역사를 만드는 둥지였고, 보금자리였다.

미국 현대문학의 거장 어니스트 헤밍웨이는 작품 속에서 심심치 않게 커피를 등장시킬 정도로 커피를 즐긴 애호가였다.

그가 작품을 쓸 때에는 어김없이 옆에서 커피가 끓고 있었다.

그의 역작 『노인과 바다』를 펼친다. 바다에서 청새치와 사투를 벌이고 돌아와 자리에 쓰러져 잠든 노인 곁에서 소년은, 노인의 숨결에 귀를 기울이고, 그의 두 손을 보고 울기 시작했다.

"뜨겁게 해서 우유와 설탕을 듬뿍 넣어주세요" 소년은 뜨거운 커피가 든 깡통을 들고 노인의 판자집으로 들어가, 노인이 깨어날 때까지 그 곁에 앉아 기다렸다. 드디어 노인이 잠에서 깨어났다. "일어나지 마세요, 이걸 마시세요" 소년은 컵에 커피를 조금 따라 주었다. 노인은 그것을 받아 마셨다. 노인은 또 깊은 잠에 들어갔다. 노인은 사자의 꿈을 꾸고 있었다.

헤밍웨이에게 커피는 암울한 세상 한복판을 견디는, 한잔의 위안이자 이야기를 길어 올리는 마중물과도 같은 것이었다.

우리나라에서는 1896년 러시아 공사관에 머물던 고종황제가 처음으로 커피를 마셨다고 전해진다.

우리나라를 카페 공화국이라고 말하는 사람들이 있다. 서울이나 지방을 막론하고, 디자인 감각이 약간 돋보이는 건물은 대부분 카페라고 해도 과언이 아닐 것이다.

커피를 마시는 것이 일상사가 되었다. 집에서도 마시고, 직장이나 작업장에서도 마시고, 또 카페에서도 마신다. 앉아서도 마시고, 서서도 마시고, 걸어가면서도 마신다.

김 시인이 오늘날의 카페나 커피 시장, 사람들 커피 마시는 모습을 보았다면 어떤 느낌, 어떤 생각을 했을까. 3,40년만 더 살았더라면 하는 아쉬움을 느낄까. 이제야 드디어 제대로 끓인 커피의 맛과 향을 맛보게 되었다고 즐거워할까. 옛날 그 시절의 다방과 오늘날의 카페, 그 달라진 분위기는 어떻게 볼까.

나에게도 한 가닥의 감상이 없을 수 없다. 오늘날의 카페는 그 공간이 편안하고, 넉넉하고, 은근한 끌림 같은 것도 있다. 커피 맛은 비교할 수 없을 만큼 고급스러워졌다. 그런데 오늘날의 카페에는 각자 고립된 개체가 들어와서, 커피 잔 앞에 놓고 이어폰을 끼고 노트북이나 핸드폰을 들여다보는 건조한 곳이 되었다.

문화는 없어 보인다.

옛날 그 시절의 다방은 실내장식이나 시설은 빈약했고, 커피 맛도 고급스럽지는 않았지만 나름의 분위기는 있었다. 사색의 공간으로도 어울릴 만큼, 그윽하고 안정된 찻집이었다. 그리고 음악이 있었다.

차이콥스키의 '비창'을 감상했고, 젊은 사람들은 미국의 팝송을 즐겨 듣기도 했다.

한쪽 구석에서 글을 쓰거나, 종이에 스케치하는 고객의 모습이 어색하지 않은 포용적이고 편안한, 카페가 아닌, 커피숍 아니 다방, 찻집이 그립다.

이제 커피만큼 많은 사람들이 선호하는 음료도 없을 것 같다. 녹차와 홍차같이 싱겁지도 않지만, 술과 같이 흔들리거나 실수하지 않게 하면서도, 약간의 자극성과 알속이 있어 적당히 흥분시키고, 때로는 적당히 진정시키는 양면작용을 능히 해내는 음료로는 우리 일상생활에서 커피 이상 다른 것이 없다고 할 수 있다.

김현승 시인은 말한다. "나는 평생 커피를 마셨고, 시를 썼지만, 아직도 시의 맛을, 커피의 맛만큼 모른다. 마치 한석봉이가 어머니 떡 써는 솜씨만 못했던 경우와 같다고나 할까"

그러나 다형茶兄의 커피는 시적 영감을 길어 올리는 뮤즈의 샘물이었을 것이다.

흠모欽慕

1950년대 후반, 그 황량한 시절에도 다른 지역에서는 상상할 수도 없었던 '학생 독립운동 기념 전국 고등학교 연극 경연대회'가 광주에서 열렸다. 그때 조명이 있는 무대에서, 김현승 시인의 낭독을 위한 시 〈자유 독립을 위하여 학도들은 싸웠다〉를 입체 낭독했던 그 광경과 그 목소리가 70년이 다 된 지금도 내 귀에 쟁쟁하게 울리고 있다.

이분은 "천하를 주고도 바꾸지 못할 우리의 생명이 왕성하게 움직이고 있는, 이 엄숙하고 긴장된 우리의 시간 안에서 끊임없이 나를 지켜주고, 나를 격려해주는 그 한마디는 '진실해라!' 이것뿐" 이렇게 외치고 있다.

끊임없이 진실만을 추구하는 구도자求道者였던가.

릴케는 "필사적으로 사유하고 있다"고 했다. 김현승 시인의 시는, 읽는 이로 하여금 사유하게 한다. 깊어진 사유의 공간에서 고독을 마주하게 한다. 이분의 시를 통해서 독자는 실존적 인간의 고뇌의 강을 건너게 될 것이요, 사유의 끝에서 어제의 나가 아닌 새로운 나, 상승하는 나를 보게 될 것이다. 삭막한 현실상황에서 한줄기 구원의 빛을 보게 될 것이요, 신 앞에 선 양심과 진실을 생각하게 될 것이다.

김현승 시인이 시 〈자화상〉 마지막 연에서

  내가 죽는 날
  단테의 연옥에선, 어느 비문扉門이 열리려나

이렇게 물었다.

단테의 『신곡神曲』 '천국편'을 보면, 천국에서 모든 영혼은 지고천至高天에 산다. 단테는 거기서 여러 계층을 보았다.

김현승 시인 이분은 단테 『신곡』 '천국편'에 나오는 제 7영역 토성천, 사색하는 영혼들이 살고 있는 이곳에서 영생을 누리고 있으리라 나는 믿고 있다.
 다시 이분의 이미지를 우러러 본다.
 이분은 일파가 만파로 흐르는 강물이다.
 우리를 이끌어 바다를 보게 한다.
 그리고 하늘로 오르는 사다리를 세운다.
 이윽고 우리로 하여금 하늘을 헤엄치게 한다.
 우주에서 고독한 행성을 만나게 한다.
 신을 부르는 음성을 들을 수 있게 한다.
 "삶이라는 게 그런 것"
 가면을 벗으라고 한다.
 그리고 따뜻하고 나직한 목소리로 속삭이듯
 "우리 모두가 가슴 속에 시 한편씩 품고 삽시다"

김포천 1934년 광주 출생. 전남대학교 국문과 졸업. 1958·9년《동아일보》,《한국일보》신춘문예 희곡 당선. 네오 드라마 동인회 창립 멤버. MBC 제작 국장. 광주 MBC 사장·광주공연예술재단 이사장·광주비엔날레 이사장 역임. 저서/『희곡 17선』

다형茶兄 스승을 회고하다

다형茶兄은 김현승金顯承(1913~1975) 시인의 아호다.
차를 무척 즐겼기 때문에 그런 아호를 갖게 된 것으로 안다.
차도 녹차가 아니라 진한 원두커피를 애호했다.
좋은 커피가 있는 곳이면 거리를 따지지 않고 자주 찾았다.
60년대 초, 다형이 즐겨 드나들던 커피 집은 서울역 2층의 〈레스토랑〉과 시청 앞 화교촌에 자리한 〈가화嘉禾〉라는 다방이었다.
다형의 자택은 당시 서울의 변두리인 수색에 있었는데 시내에서의 약속이 있을 때는 주로 이 두 곳을 이용했다.
두 곳 가운데서도 〈가화〉쪽을 선호했는데 그 까닭은 마담이 아름답기 때문이라고 했다.

"보게, 아름답지 않는가?"

다형은 커피를 마시면서 카운터에 앉아 있는 마담을 바라다보며 내게 동의를 구하기도 했다.
말씀은 그렇게 하지만 한번도 그 마담과 다정하게 대화를 나눈

걸 본 적은 없다.
그저 눈으로 음미하며 혼자서 즐기셨던 것 같다.

내가 다형을 처음 만난 것은 고등학교 2학년 초였다.
광주의 H신문사가 주관한 학생 문예작품 공모에 당선이 되었는데 그때의 심사위원이 조선대학교 교수였던 다형이었다.
그런 인연으로 나는 다형의 댁에 가끔 드나들었다.
광주 양림동의 널따란 뜰을 가진 한옥이 지금도 눈에 선하다.
시에 대한 말씀을 기대하면서 찾아가지만 그분은 별로 말이 없었다.
마른 볼에 유난히 큰 귀가 마치 선량한 사슴을 연상케 하는 얼굴이었다.
나도 말 주변이 없었던 터라 한동안 멍청히 앉아 있다가 그만 물러나오곤 했다.
평소에 말씀이 별로 많지는 않았지만 나에 대한 배려는 적지 않으셨던 것 같다. 한번은 인편으로 학교에 있는 내게 연락을 보내셨다. 정오쯤에 YMCA에 있는 식당으로 나오라는 전갈이었다. 나는 담임 선생님의 허락을 받고 시내에 자리한 낯선 경양식당에 찾아갔다. 찾아갔더니 선생님께서는 어떤 분과 둘이서 식사를 하고 계셨다. 식사 중에 선생님께서는 그분에게 나를 소개했다.
"서정주 선생님이시다. 인사 드려라!"
국어교과서에 실린 〈국화 옆에서〉라는 그 유명한 작품을 쓰신 시인이라니! 나는 황공하여 넙죽 인사를 드렸다. 미당은 나를 훑어보시더니
"음, 총명하게 생겼구먼!"하고 식사를 계속하셨다. 그렇게 나는

미당께 첫인사만 드리고 돌아왔다.

　서울에 사신 미당께서 광주에 잠시 들르게 되었는데 다형께서 나를 소개하고자 하셨던 것 같다. 지금 생각하기에 다형은 당시 『현대문학』지에 추천권을 갖고 있지 않았던 터이므로 앞으로의 내 진로를 생각해서 미당께 길을 놓아 주시려고 그랬던 것이 아닌가 생각된다. 참 감격스런 일화가 아닐 수 없다.

　내가 서울의 대학에 진학한 1958년 무렵, 다형도 모교인 숭실대학으로 옮겨오면서 수색에 자리 잡았던 것으로 기억된다.
　20여 평의 조그만 반양옥집이었는데 다형의 조촐한 방엔 손수 끓인 원두커피의 향기가 늘 가득했다.
　건넌방에선 서툰 피아노 소리가 들리곤 했는데, 부인께서 피아노 레슨을 하며 가계를 돕는다는 사실을 나중에 알게 되었다.
　기독교 집안이기도 했지만 술과 담배를 전혀 가까이하지 않는 청교도적인 청정한 삶을 살았던 분이다.

　내가 대학 2학년이던 1959년 10월에 다형께서는 나의 〈자화상〉을 『현대문학』에 처음으로 추천해 주셨다.
　두 번째 추천작 〈거만한 상속자〉는 1961년 11월에 그리고 마지막 추천작 〈나의 독재〉는 1962년 7월에 통과될 수 있었다.
　세 번의 추천을 거치는데 3년 가까이 소요된 셈이다.
　이렇게 세 번의 추천을 거치는 데 짧지 않은 시간이 소요된 것은 한때 산문을 기웃거리며 시를 게을리했던 때문이 아니었던가 생각된다. 나의 뒤를 이어 이성부 같은 후배들이 밀고 올라오는 바람에 선생님의 독촉이 아주 심하셨던 것으로 기억된다.

다형의 성품은 대쪽같이 강직했다. 옳다고 생각하면 뜻을 굽히는 일이 없었다.
적당히 타협할 줄을 몰랐다. 그래서 주위 사람들은 함부로 그분을 대하질 못했다.
한번은 무슨 일로 그랬던지 조연현 씨와 의견 충돌이 있었다.
당시 조연현 평론가는 『현대문학』의 주간으로 문단에서 막강한 힘을 가진 분이었다.
다형은 『현대문학』 신인추천위원의 자리를 내동댕이치면서 그와 맞서 싸운 일화는 유명하다.

제1회 한국시인협회상이 선생께 주어졌을 때 다형은 수상을 거부했다.
무슨 이유에서 그랬는지는 알 수 없지만 아마도 그 상이 자신에게 적절치 못하다고 스스로 판단했기 때문이 아니었던가 싶다.
상을 타기 위해서 별 로비를 다 벌이고, 작품을 발표하기 위해서 문예지의 주간들을 신주 모시듯 하는 문단 풍토에서 본다면 다형의 그 기개는 가히 지사다운 것이었다.
선비의 맑은 자존심을 고수한 그런 시인을 오늘날 쉽게 만날 수 없음이 참 아쉽기만 하다.

다형은 신문사나 잡지사 등에서 청탁한 원고를 찾으러 오면 원고를 넘겨주기 전에 반드시 묻는다.
"고료를 가져 왔는가?"
만일 고료 준비가 안 되었다고 하면 원고를 건네주지 않고 돌려보낸다.

다른 상품들을 사는 경우엔 현금 거래를 하면서 왜 시는 외상이어야 하는가.

다형의 지론은 심혈을 기울여 쓴 작품이 시중의 상품들보다 소홀히 대접받는다는 것은 참을 수 없는 모욕이라고 여겼다.

시인은 스스로 자신의 작품에 대한 권위를 지켜야 된다는 견해다.

오늘에 만일 다형이 있어서, 고료는커녕 작품 발표만이라도 해주기를 굽실거리며 애걸하는 수많은 시인들을 본다면 어떻게 생각할까?

어쩌면 자신이 시인이라는 이름으로 불리는 걸 거부하겠다고 할지도 모른다.

강직한 다형에게도 인간미가 넘치는 면이 없지 않았다.

그가 세상을 떠나기 이태 전쯤 정초에 제자들이 찾아갔을 때다.

"세상에 이렇게 재미있는 것이 있는 줄 몰랐단 말이시."

다형이 화투와 담요를 내놓으며 하는 말씀이다.

두 장의 패만을 가지고 겨루는 '섯다'라는 놀음이 당시 유행했었는데 그것에 요즈음 재미가 들렸다고 했다.

우리는 10원짜리 동전을 놓고 섯다판을 벌였는데, 낮은 끝수로 상대를 제압했을 때 박장대소하며 통쾌해 하시던 모습이 지금도 눈에 어른거린다.

다형의 연치 62세 되던 1975년 봄, 그는 대학의 강당에서 예배를 보던 중 의자에 편안히 앉은 채 영면했다.

그의 성품처럼 맑고 곧은 죽음이었다.

지상과 궁합이 잘 맞지 않는 그를 배려해서 하늘이 아마 조금 일찍 데려갔는지 모른다.

가을
볕바른 다실茶室에 앉으면
차茶, 그 투명의 향기에
부활하는 다형茶兄.

고독,
그 마른 정결로
뭉친 이마,
늘
천상의 음계를 더듬어
크게 열려 있던
사슴의 귀,

다만
한 잔의 뜨거운 커피에만
관용턴 입술,

세상을
굳은 눈썹으로
재고 갔던
청교도,

홀로
곧게 걷던
금강석의
시인.

―졸시 〈다형茶兄〉『목마일기木馬日記』(1987)

임 보 본명 : 강홍기. 1962년 『현대문학』에 김현승 시인 추천으로 등단. 서울대 국문과 졸업. 성균관대 대학원에서 박사학위 취득. 충북대 교수 역임. 저서/ 시집 『산상문답』 등 25권. 『엄살의 시학』 등 다수의 시론서. 현/ 월간 〈우리詩〉 편집고문.

손광은

스승 茶兄 金顯承 詩人과 文壇散策

다형과 제자 손광은

　다형 김현승 시인의 고향 광주는 시인의 고향이다. 또 남도시인의 산실이다. 남도의 고유 향토문화 속에서 영글어 온 문화적 긍지를 간직해오면서 남도의 웅도 광주는 역사적으로 중앙정부가 있는 위치와 원격성과 그 영향을 입고 항상 상대적으로 변두리적인 위치를 면치 못하였다. 지금도 잡초만 우거진 다형 김현승 시인이 살았던 집의 복원과 그를 기념하는 문학관 하나 세우지 못하고 있다는 것이 제자들로서 부끄럽다.
　남도 문화는 타지방에서 찾아볼 수 없는 특수한 문화권을 형성하고 있다. 광주의 문학 위상을 높인 茶兄 김현승 詩人은 1913년 평양에서 김창국 목사의 2남으로 태어났다. 7세 때부터 광주에서 시무하는 부친을 따라 광주 양림동에서 살기 시작하여, 1960년 숭실대학교 부교수로 취임하여 1965년 서울로 이사할 때까지 살았다. 광주숭일중 초대 교감, 조선대 교수, 숭실대 인문학장을 역임하고 시인을 많이 배출시킨 문학사적 업적은 지대하다. 정지용의 이미지즘을 김기림의 모더니즘을 뛰어넘는 지성적 감성 세계를 개척한 모든 시인들의 스승이다.

왕성한 창작열과 열정의 휴머니스트인 선생은 높은 시문학의 식견 때문에 『현대문학』 추천 심사위원이 되고, 좋은 시인들, 개성적인 시인을 문단에 많이 데뷔시켰다. 한국시인협회 제1회 시인상 대상을 수상하였고, 서울특별시 문화상까지 수상한 문단의 거목이었다. 한국문학가협회 중앙위원 및 이사, 부이사장까지 역임하며 문단을 이끌었을 뿐 아니라, 특히 1951년 한국전쟁의 와중에 전국적으로 『문예지』, 『동인지』 하나 없는 소용돌이치는 전쟁의 심각한 분위기임에도 순수한 문학적 열정을 불태웠다. 유일하게 광주에서 김현승 주간으로 『新文學』이 창간되어 4집까지 발간되었다. 역사적인 열정은 정열을 넘어 뛰어든 의욕과 사명감이 한국 현대 문학사의 단절을 막는 쾌거였다.

문학사적 큰 업적으로 기록되어야 할 것이다. 그때부터 광주가 시인의 도시가 되었다. 그때 황순원의 대표작 〈소나기〉가 『新文學』(1951)에 발표되고, 다형 선생의 대표 작품인 〈눈물〉이 발표되었다. 미당 서정주 작품을 비롯 이동주, 이수복, 손철 등 뿐 아니라 서울, 부산 등 전국적으로 중견 문인들의 발표 지면으로 유일한 잡지였다.

도리언 프린스 주한 EU 대사가 작곡한 〈가을의 기도〉와 시집과 산문

많은 문인들의 광주 왕래가 그때부터 활발해져서 문학적 풍토가 광주로 옮겨온 느낌이었다. 광주에서 문학강연, 시낭송 등이 활발했다는 것은 문단 이면사의 특기할 이면사였다. 다형 선생은 유별나게 문학의 흐름과 발전과 변천을 세계문예사조 경향을 섭렵했고 그 시대를 본위로 하는 문예사조의 조감은 세계문학의 전모를 파악할 수 있게 문인들에게 일깨워 주었다.

선진 세계문학 조류를 조감케 한 스승은 세계문학의 전모를 파악하는 조감 능력 그 감성 세계가 한국 현대시의 새로운 국면을 개척하는 힘이 되었지 않나 생각된다. 즉 정지용의 이미지즘적 경향이나, 김기림의 모더니즘, 김광균의 회화적 전경의 방법을 밟고 뛰어넘는 가장 현대적인 시적 방법 현대시의 지성화 경향의 천착이 바로 선생님의 우뚝 선 현대적 시각의 안목이었다. 현대성, 현대적 문제, 현대적 시각에서 역사 상황과의 결별할 수 없는 절실한 예술 참여의 지성일 거라 생각이 든다. 보다 좋은 시를 창조하는 것은 가치 있는 일이지만, 창조된 시를 해석적 이해의 깊이와 넓이를 새롭게 보여주신 설득력 있는 스승의 자세는 오늘의 모든 詩人들의 정신적 지주의 귀감이 되었다. 좋은 시를 올바로 볼 수 있는 혜안과 심오하고 미묘한 시의 모순 감정까지 찾아내어 전달하기란 여간 어려운 게 아니기 때문이다. 부연할 필요 없이 몇 가지 문단 측면사는 각설하고, 다형께서 촉망되는 시인을 문단에 배출한 시인으로 필자가 기억나는 대로 적으면 대충 42명 정도라고 본다. 누구도 이렇게 뛰어난 시인을 발굴한 시인도 없다. 구체적으로는 전국을 누빈 기린아 광주의 『영도』 동인들인 박봉우, 윤삼화, 박성룡, 이일, 김정옥 등 다형의 영향 밑에서 힘입은 바 크다. 문단에 데뷔시킨 명단을 다 기억할 수 없지만 『현대문학』 추천 심사위원이 된 후 한국문단에 등단한 시인은 박홍원, 문병란, 손광은, 이성부, 임보, 정현웅, 김광희, 주명영, 낭승만, 김대환, 박봉섭, 최학규, 이기원, 김규화, 이병기, 정의홍, 최만철, 권영주, 조남익, 오규원, 박경석, 이한용, 이운용, 이생진, 진헌성, 강우성, 오경남, 문순태, 진을주, 김충남, 조태일, 이은봉, 임원식, 김준태, 양성우 등 합하면 헤아릴 수 없다. 이렇게 우리 문단에 뛰어난 시인을 찾아내어 뿌리내린 원로 중견 시인들의 활발한 활동은 인위적일 수 없는 감성 세계의 금자탑임에 틀림없다.

이러한 문학사적 작품적 가치를 지닌 다형을 광주에서 잘 모시지 못하고 있다. 다형 김현승 시인이 평생 고향이라고 여기며 사신 곳 광주의 문화는 예향, 의향, 미향으로 불리지만 선진생활문화 공간으로 양림동은 우리 근대 문화가 뿌리내려 숨 쉬고 터를 잡고 자란 곳 더욱 위일선 선교사가 들어오면서 수피아, 숭일학교를 세우고 제중병원(현 기독병원) 등 역사 기념물이 많은 곳이기도 하고 정율성 작곡가 집 근처가 다형의 생가이기 때문에 광주 문화의 새싹이 움튼 곳 한복판이다. 도시의 한복판에 솟아있는 양림산 기슭 한신대학 교정에 다형의 시비를 세웠다. 대표작 〈가을의 기도〉다. 요즘 제자들과 양림동 동민들의 많은 뜻있는 분들이 다형의 시정신을 일깨우고 있다. 다형이 산책하며 가장 아름답게 무등산을 바라보시던 그곳에 남구청과 양림동 주민자치위원들과 다형의 제자들이 힘을 모은 것이다. 아버지인 김창국 목사가 심은 양림동 웃교회 플라타너스 나무는 선생님께서 보듬어 보이곤 했었는데 그 나무는 교회를 증축하면서 베어버렸는지 보이지 않지만 우리 제자들에겐 아쉬움이 크다.

앞으로 다형이 살던 광주 양림동 집이 복원되었을 때, 무형의 자산으로 우뚝 서고, 끊임없이 문학관 순례의 행렬은 줄을 설 것이다.

땅으로 묻혀 들어갈 문화수도가 아니고 땅 위에 우뚝 빛을 받게 될 것이다. 세계성을 지닌 정신유산이 될 다형 시정신 선양의 길은 다형 문학관 건립이다. 밖으로 드러난 큰 건물보다 내용이 알찬 다형 문학관을 지어야 할 것이다. 다형시 홍보 기초작업으로 《한림문학재단》(이사장 박형철)에서 다형 선생을 전국에 알리는 《다형김현승시인기념사업회》에서 전국 중·고등학생 백일장을 공모 중인데 많은 응모가 전국적으로 쇄도하고 있어 기쁘기 한량없다.

지방자치시대에 접어들어 군소 지방에까지 군郡의 이미지를 내세운 문학관이 있는데, 김현승 시인만큼 명망 있고 문단을 이끌어온 공과 성과가 못 미치지만 시인의 생가 문학관을 건립 운영하는 현 시점은 광주라는 이름으로 왜 김현승 문학관 하나 없는가 대비해 볼 필요가 있다. 광주가 한국 문학의 도시「시인의 산실」임을 전국적으로 공인 받고 있으면서도 왜 한국을 대표한 김현승 시인 문학관 하나 광주에는 없는가. 예술인 문학인이 모든 예술의 원형질임을 잊었는가 의심케 된다.「예술인이 문화상품」임을 자각하는 계기가 되었으면 한다.

문학은 한 시대를 사는 삶의 흔적이며 정신활동의 기록을 바탕으로 하면서 광주 문학은 그런 면에서 타 지역에서 찾아볼 수 없는 곳이다. 한국 시문학의 뿌리가 굵고 튼튼하게 한 분이 다형이기 때문이다. 지금도 그 뿌리가 전통의 연계성 속에서 기라성 같은 시인들이 성장해 온 광주 문학의 자존을 위해서 문화수도 조성을 위한 기초를 다른 문화공간, 이전에 김현승 시인 문학관과 그가 살던 광주 양림동의 집 복원이 우선 돼야할 것이다. 최근 광주천에 석서정이 복원되듯 광주의 전통적 정신 바탕 위에 연계되어야 할 문화가 너무 지나친 외형 속에 묻히면 안된다. 문학의 창조적 계승을 위한 영원한 상품은 문학인 시인이기 때문에 지속적인 전통의 논리에서 해답을 찾아야 할 것이다. 서양에서 시인들의 문화상품임을 몇 사람만 살펴보면 예술인의 폭넓은 존경과 위대성에 대해 파상적인 무형의 자산으로 가꾸는 시민정신을 본받아야 하고 광주의 지역문학은 한국문학의 중심축으로 우뚝 선 다형 김현승 문학의 뿌리가 자란 곳을 재인식하면 좋겠다.

손광은 시인·문학박사.『현대문학』시 천료. 제1회 보성문학상·전남도문화상·광주문화예술상·한림문학상 등 수상. 광주문협회장·한국언어문학장·한국시문학회장·다형김현승시인기념사업회장 역임. 시집『철마는 달리고 싶다』외 다수. 시론서『현대시의 공간적 지평』,『현대시론』. 현/ 전남대 명예교수.

진헌성

내 문학의 은사님들

나는 광주 광산구가 전남 광산군이던 비아면 비아리 산 52번지 외가에서 태어났다. 소학교는 교사이던 외삼촌을 따라 비아, 삼도, 삼서 등 세 학교를 다녔고, 중학교는 1차 서류 심사에서 하등급으로 각하돼 목포 문태중에 1945년 3월에 입학. 그러나 주 2회의 일본의 해안포 굴착작업에 동원됐다. 때마침 목포 앞바다는 남양군도에 갈 보급함이 B·29에 격침됐고, 늘 공습경보로 하여 전시 막바지를 직감하게 했던 때요, 학교 교정은 남방에 갈 한국 청년 신병들로 가득했다. 나는 문태중 기숙사에 있었는데 하루에 식사로 한 공기 잡곡밥과 단무지와 새우젓갈이 전부였다. 새우젓갈에 멸치가 하나씩 들어오면 그건 횡재였었다. 지금 같으면 큰 난리가 났으랴.

그런 때니 신병들 군것질 심부름타 발각되면 그 신병은 헌병대의 개였다. 소학교적 외할아버님은 늘 일본은 망하고, 향후세엔 거지도 비단옷을 입고 한국이 세계의 중심이 된다는 밥상머리 교육을 받았기 무슨 애국심 같은 분개를 느꼈었다.

밥 한 공기의 청소년은 봄날도 길고 배는 하도 고파 광주 종방

사감으로 계셨던 어머니에게 보낸 편지에 일본이 망할 듯 하니 미숫가루나 보내주시면 고맙겠다는 보루상자 같은 편지지에 썼던 바 그게 부풀어 있었던지 그 편지가 목포 헌병대 사령관실에 올라가서 하루는 근로 동원 대신 아침부터 저녁까지 일본헌병대 대장의 직접 심문, 배트 방망이와 군화와 권총 위협까지의 고문을 당했다.

목에 권총을 대고 14살짜리 나를 쏴버리겠다며 핏대를 올려댔다. '응 죽일려면 사무실서 죽이겠냐' 생각했다. 그거 배가 고파서 한 일밖엔 누가 학교나 기숙사에 오겠냐며 사정만을 거듭했다. 제일 두려운게 어머니와 외가에 무슨 통고를 할까 싶어 그것만 걱정이었다.

풀어주며 '주 일 회씩 보고하라'던 약속 두 번 뒤엔 외가로 피신 뒷낭깟에서 깐에 숨어지냈다가 한 달 뒤 해방이 되었으나 일본 헌병대가 무서워 한 달 넘어서야 학교 1년 2학기에 복교했다. 그때 목포에서 처음 바다와 갈매기를 보았고 그걸 본 감흥을 써서 문태중 교지에 〈갈매기〉란 동시인지 동요인지 모른 글을 실었다. 그게 처음 발표작이라면 발표작이다.

중 2년이 되자 학교는 찬탁과 반탁의 데모에 휩싸여 시가행진 하느라 아우성였다.

내가 하숙하던 집은 기독교 전도사 부인 댁이었는데 양자였던 조카가 정광중의 찬탁 주동자였고, 하필 내 학교 선배 두 분이 있었는데 문중 주동자들이었다.

학교에 가면서 운동권 서류를 내 책상 서랍에 넣어두고 갔었던가. 내가 잡혀가서 서북청년단 창고 사무실에서 어찌나 뻗어버렸던지 밤늦게 전도사 부인의 보증으로 나와서도 궁둥이가 부어 한

달도 학교를 못나갔다가 광주 서중에 편입시험에 응해 그날이 또 장날이라 동맹휴학으로 광주사범중 2년 편입시험으로 다니게 되었으나 학교 선생이 맞거나 잡혀가거나 학생이 논바닥에서 칼 맞아 죽었으니 어수선하던 때다. 여수 순천 군인 반란 사건의 여파 내내 학교 저녁 보초까지도 섰고, 때로 빨치산과 국군 토벌대의 전투로 학교 주위에서도 총소리가 나기도 했다. 하루는 외가에서 가을 풋벼를 지고 오다가 첫 경찰들이 빨치산 치안대 분소를 점령해 들어오면서 빨치산대원으로 오인 '차렷, 서' 빵의 순간 다행히 집에서 태극기가 나와서 빨치산이 아니라는 것이 증명되어 살아났던 적도 있었다.

그때 나는 순간에 '할 일은 많은데 아무것도 아닌 일에 사람은 죽는 것이로구나'를 느꼈었다.

나는 6·25 한국전쟁 1년 전에 고 2년 그 때 광주에는 박흡 시인 주간의 학생문예가 발간되었다. 그 문예지에 〈슬픈 동물이란 인간은 짐승이다〉는 이상 시인류의 모방시였던 시가 실린 게 두 번째 발표작이다.

나는 내 인생 스승을 처음으로 맞았는데, 중고 때 신명희 선생님이셨다. 손병희 선생댁에 기거하면서 휘문중 다니면서 3·1독립선언문 서명에 따라다니기도 하고, 3·1운동 때는 학생대표로 데모에 앞장서기도 하였다. 일본에서 음악과 독립사상과 자살구라브와 한국서의 스코필드 박사와의 바이올린 연주 등의 일화를 들려주었으며, 『유일물과 그 소유』, 노자의 『도덕경』, 生田春月의 수필과 시집 등 여러 허무와 자아와 니체 등의 책을 빌려 주시어 청년기의 나는 인생과 문학교양을 쌓을 수 있었다. 선생님은 세상 뜨시기까지 평생 사랑을 주셨던, 아버지 대신이었던 스승이셨다.

　나는 광주학강국민소학교 교사 근무 2년 뒤 광주의대에 입학했으나 일요일엔 불교학자 윤주일 거사의 강연을 6년간 십 리 길을 마다않고 다니기는 하였으나 신앙인은 아니었다. 알기만을 좋아하는 세상의 아웃사이더가 편하다는 것이 냉전시대의 내 지혜였다. 사상은 늘 변하느니 변질자가 아닌 것이란 생각이었다.

　두 번째 문학수업의 스승이셨고, 본격적인 문학수업의 스승은 광주에선 고교 국어수업의 1인자셨던 주기운 선생이시다. 레지던트 2년째 때 신문에 문인들 송년의 밤이 의대 앞 어디 사무실에서 있다기에 신기하다 싶어 들렀다가 〈꽃밭에 잘못 들어온 거북이〉라는 김춘수의 시를 인용한 문학적 겸손의 인사말을 듣고 저런 겸손이면 스승으로 모실만하다 싶어 뒤따라가 인사를 드렸던 바 내 사범 4년 선배셨다. 주 선생님 또한 돌아가실 때까지도 때없이 위안과 수정과 교정의 지도와 사랑을 주셨던 어르신이시다.

　내가 레지던트 4년 때다. 주기운 선생님과 동행 서울 수색에 사셨던 김현승 교수댁을 일요일에 찾아가 처음으로 『현대문학』 천거 세 편 시 원고를 내밀었던 바 읽으시고는 천거해주시겠노라 응락하신 뒤 그 세 편의 그대로가 6년 뒤 70년 3, 4, 7월호에 일거에 『현대문학』지에 천료되었다. 후일 인사차 뵈었던 바 "진 의사는 의사지마는 다른 이들은 바빠 늦었노라." 하셨었다. 늘 원고를 그동안에도 올렸어도 한 말씀 한 글자도 훈수하지 않는 게 지도 방식인 듯 싶었다. 김현승 스승님은 내 문학의 세 번째 스승이신데 어머님 회갑에 주기운 형님 스승과의 합작 시 〈조용한 和音〉의 서문에 주 시인은 탄탄한 국어를, 내게는 과학적 두뇌에 스핑크스 같은 심장을 가졌다 적으셨다. 김현승 교수와는 이야기가 늦었지만 의예과 2년간의 교양으로서 국어과 수업을 받았으나 이야기 한 번 따라가 드린 바 없는 나는 어수룩이었다.
　주기운 시인은 라이나 마리아 릴케의 시를 사랑하셨고, 언어 탁마에 의한 수사법 강의셨다. 시의 음악성으로는 영랑 선생과 쌍벽이라 할 만하다 본다.
　주기운 스승은 나와 의형제 맺고 인간성의 인정에 넘쳐서 일주일이 마다하고 늘 병원에 들러 주시고 나의 일상을 체크하셨다. 혈육 이상의 지극한 사랑이셨다.
　형님의 훈김으로 시를 쓰는 용기로 살아왔다. 그러시다가 뜻밖에 말년엔 식물인간이 되셔서 가시니 지금도 안절부절 못하고 서운타.
　세 번째 문학의 스승님이신 또 나를 세상에 날개를 펴주신 김현승 스승님은 내 집에 한 일주일쯤 입원하신 적이 있었는데 경도 고혈압에 우폐에 아주 경도의 비활동성 폐결핵은 가지셨으나, 평양 중학서 위 때문에 휴학까지도 하셨다는데도 위엔 심한 위하수증 외엔 아무 일도 없으셨다. 나는 선생님의 운명은 다형茶兄이란 호 탓에도 있지 않았을까도. 커피란 한두 잔은 몰라도 예닐곱 잔에 이르면 심장에 너무 자극적인데다 그 나라 설탕량과 사망률은 상승치를 함께 한다는 보고로도 많이는 커피 속 설탕 탓이려니, 따라서 아쉬움이 남는다.
　김현승 스승님을 모두 기독교 문학 신앙시의 멘토로 꼽고 있으나 나는 중풍으로 쓰러지신 뒤엔 틀림없는 기독교 귀의의 신앙인으로 확인하지만 그 이전엔 회의주의자였다 본다.
　최남선 선생도 불교신자였다. 병원의 임종시엔 가톨릭에 귀의하였던 경우와 같이 나는 정신력이 흐리던 때의 행동은 주위에 좌우된다 본다. 뿐 아니라 신명희 스승님도 인간 자주력을 좌우 명으로 사시려 가방엔 비상약을 지니시고 계셨는데 팔십이 넘으시니 의지는 가시고 천식으로 입원 숨을 거두셨다.

말년의 하느님에의 귀의는 남의 성씨에 양자 가듯, 하느님의 양자요, 남의 성씨의 양자지, 내 성씨나 내 자신의 내가 아닌 것이다라 나는 본다.

김현승 스승님의 시어의 궁극적 도달점은 경이로운 정반대의 이미지 처리라 본다.

〈견고한 고독〉, 〈절대고독〉, 〈눈물〉 등 단단한 지각어에 인간 최후의 이성적 관념어에, 육질감의 정신적 관념어를, '눈물' 같은 세상에서 가장 부드러운 인간 감각물에 옥토에 떨어지는 마지막 '진실'이란 정신의 본질과 종극의 유언 같은 이 세상의 가장 나중에 남는 극과 극의 수사적 대비의 언어 구사가 핵심이셨다. 가장 메마른 인간의 감각어에 가장 높은 수준의 관념 결합의 귀재로 철학적 모더니스트의 시적 공헌에 한평생 몸바쳐온, 아니 한국시사에 헌신한 언어의 청교도로 군더더기 없는 정곡의 언어 마술사던 어른이시라 본다. 한데 나는 호는 양반 문화의 교가 아닌가 싶어 좋아하지 않는다. 세상에는 문교가 가장 더럽다 한다는데 호부터 삼가면 학생 시험 부담도 덜어준 게 아닐까도 여긴다.

중국의 문장가 소동파는 맹교孟郊나 이하李賀같이 빼어난 시를 쓰려면 빈궁과 수심이 많아야 된다 했다 한다.

또 육유陸游는 소식의 문장을 알면 양고기를 먹고, 소식의 문장을 모르면 채소국을 먹는다! 했다듯 그럴 것이 1,000년 전의 소식은 적벽부만 지은 게 아닌 관리에 있을 때 "내가 평생 읽은 5천 권의 책은 한 글자도 굶주림을 구제하지 못하다니(平生五千卷

(券), 一字不救飢.)"라 했다라 소동파 평전 돌베개 81쪽에 적고 있다.

우린 선거 때마다 정치계에 들어붙는 글쟁이들이 관료가 된 소식의 입장에서지 내 매명埋名에 설까마는 때로 의아스러울 때가 더러 있다.

만월의 고독을 쏘아 올리셨던 서러운 생애들을 보내시며 조금의 앓이라도 내게 얹으시렸던 은혜로운 내 스승님들이셨건만 소에 여물주기뿐이셨다. 늙마 돼 뒷셈할 일 없어 터진 쇠짚신짝으로 홀로 초라히 길가에 나 버려졌느니.

진헌성 1932년 광주 출생. 1970년 『현대문학』 3월호에 〈江바람〉, 4월호에 〈바람〉, 7월호에 〈눈〉 등으로 김현승 선생 추천 완료. 표현문학상 · 해동문학상 · 대한민국 향토문학상 · 대한문학상 · 한림문학상 · 단테문학상 대상 · 다형문학상 등 수상. 저서/ 시집 『운월관산』, 『일체유심조』 외 13권. 에세이집 『글쓰기의 새로운 지평(후편)』 외. 현/ 진내과 원장.

문 순 태

시와 커피로 고독을 이기다
―내 인생에 축복이 된 스승 김현승 시인

1958년 김현승 선생님을 처음 만나다

　김현승 선생님은 1957년에 첫 시집 『김현승시초』를 냈다. 1934년 《동아일보》에 〈쓸쓸한 겨울 저녁이 올 때〉를 발표한 지 23년만이다. 그 시절만 해도 광주에서 활동하는 시인이 몇 명 되지 않은 터라, 시인의 시집 발행은 지역의 큰 뉴스였고 축제이기도 했다. 나는 1958년 광주고등학교 2학년 때 『김현승시초』에 실려 있는 시 〈눈물〉을 읽고 큰 감동을 받았다.

> 　　더러는 옥토沃土에 떨어지는 작은 생이고저… 흠도 티도 금 가지 않은 나의 전체는 오직 이뿐! 더욱 값진 것으로 드러나 하올제, 나의 가장 나아종 지닌 것도 오직 이뿐, 아름다운 나무의 꽃이 시듦을 보시고 열매를 맺게 하신 당신은 나의 웃음을 만드신 후에 새로이 나의 눈물을 지어주시다

　이 시는 사랑하는 아들을 잃고 슬픔에 잠겼던 김현승 선생님이 인간의 삶과 죽음 또한 신의 뜻으로 받아들이고 고통을 이겨낸다

는 기독교적 구원 의식과 인간주의 정신을 주제로 쓴 작품이다.

선생님이 첫 시집 『김현승시초』를 냈을 때가 45세로 늦은 나이였지만 이미 그는 유명한 시인으로 광주에서 활발한 작품 활동을 하고 있었다. 나는 그 때 이 시집을 사서 거의 외우다시피 했다. 광고 문예부 시절 우리들은, "꿈을 아느냐 네게 물으면,/ 푸라타나스,/ 너의 머리는 어느덧 파아란 하늘에 젖어있다."로 시작되는 〈푸라타나스〉를 노래처럼 큰 소리로 읊어대고 다녔다.

이렇듯, 우상처럼 생각했던 선생님을 처음 만나 뵌 것은 그해 늦가을이었다. 박봉우 선배를 따라 이성부와 함께 양림동에 있는 선생님 댁을 찾아가기로 한 전날, 나는 잠을 이루지 못하고 밤새도록 뒤척였다. 존경하는 시인을 직접 만날 수 있다는 것은 생각만 해도 가슴 설레는 일이었기 때문이다.

그 무렵 김현승 선생님은 조선대학교에 부교수로 재직중이었고 계간지 『신문학』을 이끌었다. 1951년 광주에서 『신문학』이 나오면서 광주 문단에 본격적인 문학 분위기가 형성되었다. 『신문학』은 용아 박용철 부인 임정희 씨의 재정적 후원으로 발행된, 6·25 후의 최초 순문예지다. 김현승 선생님이 주축이 되었으며 박흡, 이동주, 이석봉, 임병주, 손철, 승지행, 양병우, 전병순, 장용건, 백완기, 이진모, 김일로 등이 참여했다.

『신문학』은 56년 목포에서 『시정신』이 나오기 전, 4호까지 발행되는 동안 광주 전남 지역 문단에 큰 영향을 주었다. 김현승 선생님은 이 무렵에 〈가을의 기도〉, 〈푸라타나스〉 등을 발표했다. 이 때 선생님의 시 세계는 기독교 정신을 바탕으로 고독을 주제로, 모더니스트와 이미지스트 면모를 갖추고 한국시단의 지성을 대표하는 시인의 위치에 있었다.

이성부와 나는 충장로 우체국 옆 '전봇대'라는 주점에서 광주고 3회 선배인 박봉우朴鳳宇 시인을 미리 만났다. '전봇대'는 박봉우 선배의 단골 주점이었다. 이곳에 가면 언제든지 불콰하게 취한 박봉우 선배를 만날 수가 있었다. 당시 전남대학교 정치과 3학년 생이었던 박봉우 시인은 1956년 《조선일보》 신춘문예에 〈휴전선〉이 당선되어 광주에서는 일약 스타가 되어 있었다. 그 시절에는 중앙지 신춘문예에 당선되면 금방 유명해졌다. 박봉우 시인은 그 무렵 시 쓰는 후배들을 지도하고 있었다. 선배는 주말이면 광주의 몇몇 고등학교 문예반 학생들을 모아, 들로 산으로 데리고 다니면서 시낭독도 해주고 미니 백일장도 열었으며 자신의 시집 『휴전선』을 상품으로 주기도 했다.
 "우리 순태가 대추씨 선생님을 처음 만나 뵈러 가는 역사적인 날인디 기념으로 탁주 한 사발 마셔야제."
 박봉우 선배는 김현승 선생님을 늘 대추씨라고 불렀다.
 김현승 선생님 댁은 광주 양림동 윗교회 아래턱 학강초등학교 언저리에 있었다. 나는 그동안에 써 모아둔 시를 노트 한 권에 깨끗하게 정서하여 가지고 갔다. 나와 광주고등학교 동급생이었던 이성부는 박봉우 선배를 따라 여러 차례 선생님 댁을 방문했던 터라 찾아가는 길을 잘 알고 있었다. 우렁이 속처럼 좁고 긴 골목을 홰똘 홰똘 돌아 자그마한 철대문을 밀고 들어서자, 포도 넝쿨이 한눈에 들어왔고 스타카토가 분명한 피아노 소리가 집안에 가득 넘쳐흘렀다. 수피아여고 음악 선생인 사모님이 피아노를 연주하는 것이라고 이성부가 귀띔해주었다. 이날 후로 수없이 선생님 댁을 찾아다녔으나 피아노 소리만 들었을 뿐 사모님의 얼굴은 한 번도 제대로 보지를 못했다.

방에 들어서자 짙은 커피향이 코 속을 간질였다. 처음 본 김현승 선생님의 얼굴은 『김현승시초』에 수록된 〈자화상〉이라는 시 그대로였다.

> 내 목이 가늘어 회의에 기울기 좋고/ ······/ 마흔이 넘은 그보다도/ 뺨이 쪼들어/ 연애엔 아조 실망이고/ 눈이 커서 눈이 시려워/ ······

가늘고 긴 목에 뺨의 살이 뼈에 바짝 달라붙어, 영락없이 과육을 발라먹고 밭아낸 대추씨 그대로였다. 살이 없는 근육질의 얼굴에 크고 우묵한 눈이 무척 깊어, 외로우면서도 날카로워 보였다. 선생님은 손수 주전자에 물을 끓여 작은 놋대접에 커피를 타 주었다. 그런데 그 때 우리가 마셨던 것은 인스턴트 커피가 아니라 원두 커피였다. 6·25이후 미군 주둔 이후부터 일반인들이 마시게 된 것은 거의 인스턴트 커피였고 맥스웰 하우스 커피는 70년대부터 국내에서 제조되었다. 아마도 그날 우리가 마셨던 원두 커피는 미군 PX를 통해 구입한 것이 아닌가 싶었다.

다음에 안 일인데 선생님은 집에 찾아온 손님들에게는 손수 물을 끓이고 누구에게나 선생님 방식대로 커피를 대접하곤 했다. 선생님은 12살 때부터 커피를 마셨고 커피를 너무 사랑해서 아호도 다형茶兄이라 했다. 목사였던 아버지(김창국)가 목회활동을 했던 까닭에, 그의 집에 기숙하고 있던 서양 선교사들이 커피를 마실 때 얻어 마신 것이 평생 커피를 좋아하게 되었다고 하였다. 선생님은 훌륭한 바리스타였고 맛과 향기 등 커피에 대해서 많은 것을 알고 있었다.

선생님은 매일 아침 일찍 7시나 8시가 되면 양림동에서 30분

넘어 걸리는 도심에 있는 다방까지 걸어가서 커피를 마시고 조선대학교로 출근하곤 했다. 집에 있을 때는 종일 커피에 짭짤한 비스킷이나 밤과자를 곁들여 마셨다. 그러고 보니 언제인가 〈나와 커피〉라는 선생님의 수필을 읽은 적이 있었는데, 그 글에서 "커피는 약간의 자극성과 볼륨이 있어 적당히 흥분시키고 적당히 진정시키는 음료이다" 라는 대목이 생각났다. 여기서 볼륨이라고 한 것은 바디감을 말 한 듯싶다. 커피가 입 안으로 들어왔을 때 느끼는 질감이랄까, 다시 말해 입 안의 커피가 얼마나 heavy한지를 나타내는 것이다.

선생님은 이날 깍정이보다 조금 큰 놋대접에 커피를 타주셨다. 나는 막걸리 마시듯 단숨에 커피 한 대접을 쫙 비웠다. 그러자 선생님은 소리 없이 피식 웃었다. 나는 선생님이 큰 소리로 웃는 것을 한 번도 본 일이 없었다.

"커피는 먼저 코로 향기를 맡고 나서 천천히 신맛 단맛 쓴맛 짠맛, 그리고 마지막 화산재에서 나는 냇내까지 음미하면서 마셔야 하고 다 마신 다음, 목구멍을 통해 여운의 맛까지도 느껴야하지. 커피를 오래 마시게 되면 저절로 알게 된다네."

우리들은 그냥 마주보며 웃을 따름이었다.

"그동안 써 온 시를 가져왔습니다."

나는 노트를 보이며 떨리는 목소리로 조심스럽게 말했다.

"두고 가게."

선생님은 서운할 정도로 간단하게 말했다. 그날 기억에 남은 말로는 "사상이 없는 시는 무정란과 같다."면서 사상성을 매우 중요시하였다. 시에 대한 이야기보다는 커피에 대해 많은 이야기를 했다.

"나는 아직 시의 맛을 커피 맛만큼 모르네. 자네들은 진짜 시의 맛을 알기 바라네. 하기야 결국 시의 맛이나 커피 맛이나 고독의 맛이나 다 똑 같은 거지만. 커피도 좋아하지 않고 시도 쓰지 않은 사람들은 무슨 맛으로 사는지 모르겠단 말이야."

그러면서 선생님은 우리들에게 커피맛과 시의 맛, 고독의 맛을 함께 즐기라고 했다.

푸라타나스처럼 견고하고 고독한 시인

어느 여름날 댁을 찾아갔을 때 선생님은 대문 옆 포도넝쿨 그늘 밑 나무의자에 앉아 아리스토텔레스『시학』을 읽고 있었다.

"자네들은 대학에 가서나 읽어야 할 책이네. 당장 자네들이 읽을 만한 걸 알려주지."

그러면서 시학입문의 기초 안내서인 시.디 루이스의『시학입문』과 20세기 모더니스트 시인 티.에스 엘리엇, 상징주의 시인 폴.발레리, 초현실주의 폴. 엘뤼아르, 그리고 선생님이 가장 영향을 많이 받았다는 독일 시인 라이나. 마리아. 릴케를 소개했다. 나는 그날 서점에 들러 루이스의『시학입문』을 사들고 와서 밤새워 읽었다. "누가 나에게 당신은 왜 시를 씁니까 하고 물었을 때, 나는 무지개가 있는 세상에서 살고 싶어서 시를 쓴다고 대답하곤 했다."라는 서문의 한 대목이 나를 매료시켰고 시인이 되기로 결심하기에 이르렀다.

그 후로도 나는 이성부와 함께 한 달에 한번 꼴로 시를 쓴 노트를 가지고 선생님을 찾아갔다. 가끔은 선생님을 찾아온 제자들과 마주치기도 했다. 그 때 만났던 제자들 중에 박봉우 외에도 진헌성, 문병란, 손광은, 박홍원 등의 얼굴을 자주 보았다. 선생님은 결코 내가 쓴 시에 대해서 잘잘못을 지적하시거나 시작법에 대한 구체적인 이야기는 하지 않았다. 그 대신 선생님은 고등학생인 나와 이성부를 데리고 '녹색의 장원'이라고 부르는 수피아여고 뒤 푸른 언덕이며, 전남대 농대 숲을 거닐면서 시와 인생에 대한 이야기를 해주셨다.

수피아여고 부근에 있는 작은 동산은 선교사들이 광주에 들어와 처음 자리를 잡은 곳으로, 목사의 아들이고 기독교인인 선생님이 특별한 의미를 부여하고 산책하기를 좋아하는 장소였다. 그렇지만 선생님은 우리들에게 단 한번도 교회 이야기는 하지 않았다. 언젠가 선생님은 "나도 열심히 교회를 나가지 않은데 자식들한테 교회에 나가라고 강요하고 싶지는 않다."고 말하기도 했다.

선생님은 시 쓰는 방법보다 시가 무엇인가 하는 것을 이해시키려고 했던 것 같았다. 내 시를 읽고 단 한 번도 평가를 하거나 구체적으로 지적을 하지 않았다. 시어를 좀 더 정교하게 다듬고 골라 쓰라던가 이미지를 선명하게 살리라는 등, 시창작의 원론적인 이야기를 해주었다. 특히 국내외를 섭렵해서 좋은 시를 많이 골라 읽을 것을 강조했다. 좋은 시에서 영향을 받은 것은 좋지만 그 아류가 되지 말고 자신만의 개성을 살리라는 당부도 잊지 않았다.

선생님은 봄과 여름에는 수피아여고 뒷산 산책을 즐겨했고 가을이면 전남농대의 푸라타나스 숲길을 좋아했다. 어쩌면 선생님은 이 숲길에서 〈푸라타나스〉라는 시의 영감을 얻었는지도 몰랐다. 약간 귀족적이면서도 외롭게 느껴지는 푸라타나스와, 가까이 다가가기에 너무 어려워 보이기만 했던 선생님은 어딘가 닮아 보였다. 푸라타나스는 5월의 상큼한 초록 빛깔도 핥아주고 싶을 정도로 정겹지만, 노랗거나 주황색으로 물들기 시작하여 가벼운 바람에도 떨어져 흩날리는 11월에는 쓸쓸함과 함께 진중한 아름다움을 느끼게 했다. 선생님은 늘 홀로 서 있는 나무처럼 외로워 보였다.

"선생님의 시 〈푸라타나스〉를 좋아한 이후부터는 나무가 나무로 보이는 것이 아니라, 인격적인 존재 즉 사람으로 느껴집니다."

내가 큰 소리로 말하자 선생님은 버릇처럼 빙긋이 웃기만 했다. 나는 선생님이 '푸라타나스'를 통해 고독한 삶과 영혼의 반려자적 존재로 이해하고 있다는 것을 알아차리고 있었다. 자연의 의인화, 즉 자연에 인간적 생명성을 부여하고 있다는 것을 이해하고 있었던 것이다.

어느 무더운 여름날이었다. 선생님은 우리를 데리고 충장로 용아빌딩 지하에 있는 노벨다방으로 갔다. 용아빌딩은 용아 박용철의 부인 임정희 여사가 지은 건물로, 지하에 노벨다방, 2층에는 판문점 다방이 있었고 5층 옥상에는 문인 휴게실을 만들어 문인들이 사랑방으로 이용했다. 58년에 제정한 제1회 용아문학상에 당선하여, 장흥에서 광주로 올라온 위선환 시인이 이 건물의 관리를 맡고 있었다. 그 무렵 선생님이 자주 다녔던 다방은 제일극장 옆 신성, 도청에서 가까운 아카데미, 금남로 쪽 오아시스, 충장로 파출소 옆 노벨다방이었다. 선생님은 아무리 멀고 후미진 곳이라도 커피 맛이 좋거나 마담 얼굴이 예쁜 다방만을 골라 단골로 정하고 찾아다녔다. 선생님은 다방에서도 언제나 혼자였다. 자주 어울리는 친구가 없었으며 제자들 외에는 댁에 찾아오는 사람도 별로 없었다. 박흡 등 광주에서 활동하는 시인들도 있었으나 두 시인은 별로 사이가 좋지 않았다. 47년 《경향신문》에 시 〈젊은 강사〉를 발표하여 등단한 박흡은 소설가 이석봉의 남편이었다. 김현승 선생님과 함께 광주 출신 젊은 시인들 박성룡, 윤삼하, 정현웅, 강태열, 박이문 등이 1955년에 1집을 낸 '영도' 동인들을 지도하고 있었는데, 그 때 두 사람이 서로 라이벌 관계라는 소문이 돌았다.

어느 날 김현승, 박흡 두 시인이 노벨다방 입구 층계에서 마주쳐 시비가 붙었고 크게 다투다가 싸움을 하기에 이르렀다. 체격이 좋은 박흡이 비쩍 마른 김현승 선생을 얕잡아보고 먼저 한 대 치려고 하자, 김 선생이 옆으로 비끼며 박흡을 오른 발로 걷어차 넘어뜨리고 말았다. 박흡은 김 선생이 숭실전문학교 재학시절 축구선수였다는 사실을 모르고 덤벼들었다가 망신을 당한 것이다. 두 시인의 싸운 이야기는 광주 문인들에게 한동안 큰 화제가 되기도 했다.

한번은 성부와 내가 선생님을 만나기 위해 댁으로 찾아갔으나 없어 오아시스 다방으로 찾아갔다. 예상대로 선생님은 어김없이 다방에서 커피를 즐기고 있었다. 이날 선생님은 우리들에게 칼피스를 사주었다.

"칼피스는 첫 사랑 맛이야."

이성부와 나는 선생님의 그 말에 칼피스를 마시며, 아직 경험하지 못했던 첫사랑 맛을 애써 느껴보려고 했던 것 같다. 상큼하면서도 사이다처럼 조금은 알알하고 톡 쏘는 맛이 있었다. 암튼 나는 선생님을 만날수록 묘한 매력에 빠지게 되었다. 그것은 선생님만이 갖고 있는 견고한 인격이랄까, 고매한 인간적 향기라고 할까, 고독하면서도 온유한 인간적 매력을 느끼게 되었고, 나도 저런 시인이 되어야겠다고 결심을 다져갔다.

"시를 쓰듯 소설을 쓰게"

1960년 내가 광주고등학교를 졸업하던 해, 선생님은 조선대학교에서 서울 숭실대로 옮겼다. 이성부를 비롯 문예반 친구들이 모두 서울로 진학했다. 전남대학교 철학과에 진학하여 홀로 광주에 남게 된 나는 너무 외로웠다. 스승이 계시지 않은 광주는 텅 빈 듯 내게 늘 공허함을 느끼게 했다. 2년을 광주에 홀로 떨어져 있던 나는 선생님 가까이 있고 싶어서 2학년을 마치자 숭실대학 기독교철학과 3학년으로 편입을 했다. 숭실대신문 주간을 맡고 있었던 선생님은 내게 대학신문 기자 자리를 만들어주고 학비를 면제받게 해주었다. 그 해에 제1회 숭대문학상에 졸작 〈누이〉라는 시를 투고하여 당선되었다. 그 무렵 선생님은 수색으로 옮겨 가기 전까지 신촌의 20평 정도 아담한 반양옥집에서 살았는데, 이성부와 나, 때로는 조태일과 만나 셋이서 함께 선생님을 자주 찾아갔다. 이성부는 62년도에 『현대문학』에 3회 추천을 완료하여 활발하게 작품 활동을 하고 있었고 조태일은 신춘문예를 준비하던 중이었다. 나 또한 숭실대로 편입한 후 등단을 위해 시 창작에 매진했다. 그 무렵 오랫동안 신장염을 앓고 계셨던 아버지가 47세로 세상을 떴다. 전보를 받고 급히 서울을 떠나오면서 잠시 숭실대 학보사로 선생님을 찾아가 하직 인사를 드렸다.

"나도 아버님을 여읜 자네 마음을 알겠네. 허나 죽음은 태어나면서부터 예고된 거 아닌가. 나도 오래 전에 문군과 같은 슬픔을 겪었네. 장례 잘 치르고 오게."

기차를 타고 내려오면서 나는 김현승 선생님의 〈아버지의 마음〉을 수 없이 되뇌었다.

    바쁜 사람들도/ 굳센 사람들도/ 바람과 같은 사람들도/ 집에 돌아오면 아버지가 된다./

광주로 돌아온 나는 가장이 되어 집안 살림을 책임져야만 했다. 조대부고 독일어 강사 자리를 얻어 학생들을 가르치면서 조선대학교 문학부에 적을 두었다. 강의 들으랴 학생들 가르치랴 바쁜 나날을 보내느라 시 창작에 몰두할 수가 없었다. 광주에서 외롭고 곤고한 삶을 살고 있을 때, 선생님한테서 엽서가 왔다. 시 5편 이상 보내라는 간단한 내용이었다. 나는 바쁜 와중에도 보름 만에 5편을 써서 선생님께 보냈더니 65년 1월호 『현대문학』에 〈천재들〉이라는 시를 추천해주셨다. 선생님께서는 궁핍한 살림에 아버지마저 잃고 절망에 빠져있던 내게 용기를 주고 싶었는지 모른다. 그러나 결혼까지 하여 이미 가장이 된 나는 신산한 삶의 무게에 짓눌려 한동안 시를 포기한 채 헉헉거리며 생활에 쫓기듯 살아야만 했다. 더욱이 65년도에 대학을 졸업하고 조대부고에서 독일어 교사로 재직하고 있다가, 보다 활동적인 삶을 살고자 전남매일신문사 기자로 직장을 옮긴 터라, 시를 쓸 시간적 여유가 없었다.

그 사이에도 선생님은 광주에 올 때마다 나를 찾거나 때로는 신문사로 전화를 해서 작품을 써서 보내라고 재촉했고 그 때마다 나는 죄송하다는 말만 되풀이했다. 시를 쓰지 않는다는 것이 죄가 되는, 괴로움 속에 살아야만 했다. 그러나 선생님의 닦달에도 전혀 시를 쓰지 못했다. 아니 어쩌면 포기했는지도 모른다.

그 무렵 유신이라는 암울한 시대가 시작되면서부터는 군부독재의 신문 검열로 보도가 자유롭지 못했다. 74년 독일 뮌헨대학 부설 괴테인스티튜트에서 1년간 어학코스를 마치고 귀국한 나는 마음대로 기사를 쓰지 못할 바에야 소설을 쓰기로 작정했다. 소설을 통해 사회를 고발할 생각이었다. 그 때 짧은 내 식견으로는 사회와 대응하자면 시보다는 소설이 더 강할 것이라고 생각했기 때문이다. 한승원과 이문구를 통해 김동리 선생님을 뵙고 본격적으로 소설 지도를 받기 시작했다.

회갑을 맞은 김현승 선생님이 세상을 뜨기 1년 전인 74년 봄 선생님이 광주에 오셨다. 선생님은 이미 건강이 좋지 않았다. 진헌성내과 병실로 찾아가자 선생님은 나를 보자마자 대뜸 왜 시를 쓰지 않느냐고 화를 내며 꾸짖었다. 1회 추천을 받고 10년이 다 되도록 시를 쓰지 않고 있었으니 의당 꾸짖음을 당할밖에 없었다.

"선생님, 저… 소설을 쓰기로 했습니다. 동리 선생님 지도를 받고 있습니다."

"그래? 소설을 쓰겠다고? 이유가 뭔가?"

"싸우자면 시보다는 소설이 더 강하기 때문입니다."

"싸운다고 누구와 싸우는데? 시보다는 소설이 강하다고?"

선생님은 다소 역정을 내는 투로 거듭 반문했다.

"이 암울한 시대와 싸워야지요. 그러자면 시의 상징이나 은유보다는 직설적인 문법인 소설이 훨씬 강하다고 생각합니다."

내 말에 선생님은 눈을 감고 침대에 누운 채 한동안 말이 없었다.

"자네는 촌철살인이라는 말을 모르는가? 소설이 송곳이라면 시는 독침이네…. 암턴 알겠네. 동리 선생한테 지도를 받는다니 다행이네. 내가 할 말은 시를 쓰듯 소설을 쓰게. 그러면 됐지."

그 때는 "시를 쓰듯 소설을 쓰라"는 선생님의 그 말뜻을 알지 못했다. 한참 지나서야 선생님의 그 말을 통해서 문학에 있어서 서정성의 중요함을 깨달을 수 있었다. 그래서 나는 소설을 쓸 때 시인의 눈으로 세상을 보려고 애썼다. 특히 자연을 묘사할 때 시인의 감성을 최대한으로 살려보려고 노력했다. 시인의 감성으로 섬세한 문장을 만들고 시의 은유로 소설의 알레고리를 감추려고 했다.

74년 가을, 김동리 선생님이 발행하고 있던 『한국문학』 신인상 공모에 내 소설 〈백제의 미소〉가 당선되었다. 이성부한테서 축하 전화를 받았다. "김현승 선생님께서 너한테 축하한다는 말씀 꼭 전하라고 당부하시더라." 그러면서 성부는 선생님이 병환으로 위중하다는 말을 덧붙였다. 그해 가을 시상식 때 상경한 나는 선생님을 마지막 찾아뵈었다. 그렇지 않아도 깡마른 선생님의 얼굴이 큰 눈과 코만 보여 피골이 상접해 차마 마주 볼 수가 없었다.

"동리 선생은 잘 계시는가?"

선생님은 뜬금없이 내게 동리 선생님의 안부를 물었다. 아마 내가 동리 선생님 문하생이 된 것을 알고 한 말이라고 생각했다. 김현승 선생님께 하직하고 잠시 《한국문학사》에 들러 동리 선생님께 인사를 드렸다.

"참, 다형 선생 건강은 어떠하시던가?"

내가 김현승 선생님 병문안을 갔다 왔다는 것을 말하지 않았는데도 동리 선생님은 나를 보자마자 김현승 선생님의 안부부터 묻는 것이었다. 나는 묘한 기분을 느꼈다. 그러나 조금도 싫지는 않았다.

1975년 4월 11일, 선생님 부음을 받은 나는 서둘러 상경했다. 상가에서 이틀 밤을 꼬박 새고 돌아온 나는 두 달 동안을 심하게 앓아눕고 말았다. 어쩌면 선생님과의 작별이 감당할 수 없는 슬픔과 고통이 되었는지도 몰랐다.

나는 선생님에게서 시 쓰는 방법을 배우지는 않았다. 나는 다만 선생님을 통해서 외로우면서도 단아한, 한 시인의 아름다운 삶을 배웠을 뿐이다. 대학교수에다 유명한 시인이 한갓 시를 공부하는 고등학생을 다방에 데리고 가서 칼피스를 사주고, 숲속을 거닐면서 시와 인생을 이야기할 수 있는 그 소박하고 지순한 마음이 때때로 나를 반성하게 했다.

　선생님이 세상을 뜬 후, 나는 선생님이 그리워서 양림동의 옛날 선생님 댁 옆으로 이사를 하고 선생님과 함께 산책했던 그 길을 다시 걸어보곤 했다. 그리고 김동리 선생님의 강의를 듣고 싶은 것도 있었지만, 김현승 선생님의 향취를 다시 느끼고 싶은 마음에, 늦게나마 숭실대학 대학원에 들어가서, 숭실대학 동산에서나마 지난날의 기억을 되살리려고 했다. 시간이 흐를수록 기억이 닳는다고 하지만 내 경우는 오히려 세월이 흐를수록 그리움이 더 부풀어 올랐다. 김현승 선생님과 김동리 선생님, 내 인생에 영향을 준 두 스승님을 마음에 품고 사는 것이 큰 보람이자 축복으로 생각하고 있다.

문순태　1939년 담양 출생. 1965년 『현대문학』 시 추천. 1974년 『한국문학』 신인상 소설 당선. 한국소설문학작품상·이상문학상특별상·채만식문학상·요산문학상·한국가톨릭문학상·한림문학상·조대문학상 대상. 송순문학상 대상 수상. 주요작품 〈징소리〉, 〈철쭉제〉, 〈생오지 뜸부기〉, 〈타오르는 강〉. 시집 『생오지에 누워』, 『생오지 생각』 등.

이은봉

까칠하고 엄격한 스승—다형 김현승 시인

인생에는 운명이 결정되는 어떤 지점이 있다. 삶의 방향이 결정되는 어떤 계기가 있다. 그런 계기는 실패가 만들기도 하지만 성공이 만들기도 한다. 내 삶에서는 무엇이 실패이고 무엇이 성공일까.

재수를 하고 대학입시에 떨어져 후기 대학에 다닌 것도 그런 뜻에서의 실패라고 할 수 있을까. 후기 대학에 다니면서 내게는 나를 달래고 부추길 만한 어떤 무엇이 필요했는데, 그 어떤 무엇이 바로 시였다. 시를 써야지, 시를 공부해야지, 다형 김현승 시인이 교수님으로 있잖아, 그분한테 시를 배워야지, 시인이 되는 것도 괜찮은 삶이잖아, 그때 나는 자주 나 자신을 이렇게 격려하고는 했다.

세월은 빨랐다. 어느새 대학교 2학년이 되어 있었다. 마음이 급해지기 시작했다. 빨리 시를 잘 쓰고 싶었다. 박목월 시인이 만드는 『심상』도, 문덕수 시인이 만드는 『시문학』도, 전봉건 시인이 만드는 『현대시학』도 매달 구입해 읽었다. 다방에서는 커피 한 잔이 50원쯤 했고, 서점에서는 문예지 한 권이 120원쯤 했다.

커피 세 잔 값이면 문예지 한 권을 살 수 있었다. 이들 문예지를 구입해 열심히 읽어도 시는 잘 써지지 않았다. 내가 쓰는 시는 늘 감정 덩어리였다.

다형 김현승 선생님의 강의를 들어야 하는데, 그래야 시를 잘 쓸 수 있는데…. 다형 선생님의 강의는 3학년 1학기 때부터나 들을 수 있었다. 3학년 1학기에 학생들을 위해 개설된 다형 선생님의 강좌 제목은 '시론'이었다. 나는 시간표를 조정해 '시론' 과목을 청강하기로 마음을 먹었다.

다형 선생님은 2학년 학생이 3학년 학생의 강의를 듣는 것을 극도로 싫어했다. 선배들은 내게 2학년 학생이 3학년 강의를 듣는 것은 원천적으로 불가능하다고 말했다. 그래도 나는 다형 선생님의 '시론' 강의를 청강하기로 마음을 다잡았다. 다형 선생님은 늘 학생들의 얼굴을 쳐다보지 않고 강의했다. 학생들도 다형 선생님과 눈을 마주치지 않으려고 수업 시간 내내 고개를 숙이고 있었다.

언제나 혼자인 다형 선생님…. 다형 선생님은 점심 식사를 하러 교수 식당에 갈 때도 바바리코트를 흩날리며 고개를 푹 숙인 채 당신 혼자서 휘적휘적 걸었다. 물론 바바리코트 속에는 정장을 갖춰 있고 있었다. 연구실을 나와 화장실에 갈 때도 다형 선생님의 고개는 늘 바닥을 향해 있었다. 나는 다형 선생님의 이처럼 깔끔한 모습이 좋았다. 먼발치에서 그런 모습을 바라볼 때마다 나는 다형 선생님의 시 〈플라타너스〉를 떠올리고는 했다.

꿈을 아느냐 네게 물으면,
플라타너스

너의 머리는 어느덧 파아란 하늘에 젖어 있다.

너는 사모할 줄 모르나
플라타너스
너는 네게 있는 것으로 그늘을 늘인다.

먼 길에 올 제
호올로 되어 외로울 제
플라타너스
너는 그 길을 나와 같이 걸었다.

이제 너의 뿌리 깊이
나의 영혼을 불어 넣고 가도 좋으련만
플라타너스
나는 너와 함께 신神이 아니다!

이제 수고로운 우리의 길이 다하는 오늘
너를 맞아 줄 검은 흙이 먼 곳에 따로이 있느냐?

플라타너스
나는 너를 지켜 오직 이웃이 되고 싶을 뿐
그곳은 아름다운 별과 나의 사랑하는 창이 열린 길이다.

  나도 다형 선생님한테 내 '꿈을 아느냐'고 묻고 싶었다. 하지만 다형 선생님은 도무지 내게 곁을 주지 않았다. 교정을 산책할 때도 다형 선생님의 태도는 마찬가지였다. 몇 번씩이나 주변을 서성였지만 다형 선생님과는 눈인사조차 나누기가 힘들었다.
  다형 선생님은 본래 서울캠퍼스 소속의 교수였다. 하지만 서울캠퍼스에는 국어국문과가 없었다. 그래서일까. 다형 선생님은 대전캠퍼스의 국어문과에서 이틀 정도 시에 대해 강의하는 것을 좋아했다. 대전캠퍼스에서의 다형 선생님 연구실은 행정동의 1층에 있었다.

2학년 초의 어느 날이었다. 그동안 쓴 시 몇 편을 들고 용감하게 연구실로 다형 선생님을 찾아뵌 적이 있었다. 연구실에는 책이 별로 많지 않았다. 조그만 전기스토브만 붉게 빛을 발하고 있었다. 인사를 올리고 나는 서너 편의 시를 다형 선생님께 보여드렸다. 빈자리를 가리키며 앉으라고 말한 뒤 다형 선생님은 내가 보여드린 시를 아주 느릿느릿 읽었다. 한 20분쯤 되었을까. 다형 선생님이 드디어 입을 열었다.

"아직 시가 덜 되었네. 시의 경지에 이르지 못했어. 시가 들어 있기는 하네만…. 아, 이 시 한 편은 시가 조금 되었군."

읽고 난 시를 내게 돌려 준 뒤 다형 선생님은 이내 자세를 고쳐 앉았다. 더는 아무 말도 하지 않을 자세였다. 잠시 머뭇거리다가 나는 자리에서 일어났다.

잔뜩 주눅이 든 채 연구실의 밖으로 나오며 나는 내게 거듭 되물었다. 시가 덜 되었다는 말이 무슨 뜻이지? 시의 경지에 이르지 못했다는 말은 또 무슨 뜻이고? 시가 들어 있기는 하다는 말은 또또 무슨 뜻이고? 시가 조금 되었다는 말은 무슨 뜻이고…. 그날 이후 이들 말은 내게 일종의 화두로 자리하게 되었다. 나는 늘 이들 말을 입에 달고 다녔다.

다형 선생님은 결코 친절하지 않았다. 너무도 까칠하고 데데했다. 왜 시가 덜 되었는지 가르쳐주면 안 되나? 시의 경지에 이르지 못했다는 말이 무슨 뜻인지 설명해주면 안 되나? 시가 들어 있기는 하다는 말도 좀 자세히 풀어주면 안 되나? 시가 조금 되었다는 말도 상세히 설명을 해주면 안 되나? 시를 보여드릴 때마다 다형 선생님이 내게 주는 가르침은 이런 정도에서 벗어나지 않았다.

그럴 때마다 나는 절대로 다형 선생님처럼 살지 않으리라고 작정했다. 다형 선생님은 내게 일종의 반면교사였다. 시를 잘 써서 무엇 하자는 거지? 좀 친절하면 안 되나? 나는 모든 존재들에게 정성을 다할 거야. 그래. 나는 그들 모두에게 진심을 다할 거야…. 무언가에 너무 깊이 몰두해 있는 다형 선생님, 나는 그런 다형 선생님이 별로 존경스럽지 않았다. 하지만 시가 무엇인지, 시를 쓰려면 어떻게 해야 하는지 나는 정말 빨리 알고 싶었다.

개강을 한 뒤부터 줄곧 '시론' 강의를 청강했는데도 다형 선생님은 전혀 눈치를 채지 못하는 듯했다. 출석도 부르지 않아 다형 선생님과 얼굴을 마주칠 일도 없었다. 호불호가 분명한 분, 시인들에 대한 평가도 확실한 분…. 첫 시간에 다형 선생님은 이 강좌의 제목이 '시학'이 아니라 '시론'인 까닭부터 설명했다. 서정시가 본래 주관적인 언어 예술 양식이므로 그에 대한 학술적 접근도 '시학'이 아니라 '시론'일 수밖에 없다는 것이 말씀의 요지였다.

다형 선생님은 특히 서정주 시인에 대해 매우 혹독하게 평가했다. 다형 선생님은 6·25 전쟁 중 목숨을 부지하기 위해 서정주 시인이 거짓으로 미친 체했다고 말하고는 했다. 공산군의 진군에 당당하게 맞서는 자세를 갖지 않는 서정주 시인이 다형 선생님은 아주 못마땅한 듯했다.

다형 선생님은 항상 학생들의 책상을 돌려놓고 의자에 앉아 강의를 시작했다. 처음에는 낮고 작은 목소리로 입을 열었다. 하지만 점차 흥취를 보태며 목소리를 키워가는 것이 다형 선생님의 강의 스타일이었다. 급기야는 자리에서 벌떡 일어나 한바탕 광풍을

토해내야 직성이 풀리고는 했다. 한껏 고조된 이때의 강의는 차츰 평정을 되찾으며 낮고 작은 목소리로 되돌아오고는 했다. 그러다가는 말을 멈추고 고개를 바닥에 내려뜨린 채 한동안 쉬었다.

박인환 시인에 대해서도 다형 선생님은 아주 비판적이었다. 다형 선생님의 견해에 따르면 박인환은 한갓 통속 시인이었다. 특히 박인환의 시 〈목마와 숙녀〉에 대한 다형 선생님의 평가는 매우 혹독했다.

"〈목마와 숙녀〉에는 이런 구절이 있어요. '인생은 외롭지도 않고/ 거저 낡은 잡지雜誌의 표지表紙처럼 통속通俗하거늘'이라는 구절 말이에요. 말 그대로 통속한 구절이지요. 이 시에는 읽을 만한 구절이 딱 한 곳밖에 없어요. 나머지 구절은 다 싸구려 토사물이지요. 딱 한 구절이 뭐냐? '두 개의 바위틈을 지나 청춘靑春을 찾은 뱀과 같이'…… 바로 이 부분이에요. 이 부분의 비유는 에로틱하면서도 새롭고 신선하지요."

다형 선생님의 강의는 언제나 이처럼 문단 체험을 바탕으로 하고 있었다. 다형 선생님이 높이 평가하는 시인은 김기림, 정지용, 김수영, 신동엽 등이었다. 하지만 이들의 시에 대해 자세한 설명을 하지는 않았다. 이들 모두가 불온한 시인이었기 때문일까.

25명 정도가 수강을 하는 '시론' 시간 내내 나는 덩치가 큰 3학년 선배들 뒤에 숨어 지냈다. 고개를 숙이고 강의를 듣는 나를 다형 선생님은 쉽게 알아차리지 못했다.

5월도 중순이 넘어가자 여름 기운으로 교실 안이 후끈후끈 달아올랐다. 그러던 어느 날이었다. 다형 선생님의 강의를 들으러 갔더니 교실이 텅 비어 있었다. 교실에는 재수강을 하는 선배들만 두엇 우두커니 앉아 있을 뿐이었다. 내가 그들에게 물었다.

"3학년 선배들 다 어디에 갔어요?"
"동춘당에 탁본 실습을 하러 갔는데, 좀 늦는 모양이야."
 학교에서 멀지 않은 동춘당은 조선시대 거유巨儒인 송준길 선생의 고가古家였다. 아마도 박요순 교수님의 '고전시가론' 시간인 듯싶었다. 박요순 교수님은 항상 현장학습을 소중히 여겼다.
 다형 선생님이 3학년 선배들보다 먼저 교실에 들어오면 안 되는데…. 하지만 시간이 되자 슬리퍼 끄는 소리를 내며 다형 선생님은 교실의 문을 열었다. 다형 선생님은 언제나 자동차 타이어를 썰어 만든 슬리퍼를 신고 다녔다. 나는 눈을 마주치지 않으려고 시선을 아래로 깔고 잠자코 자리에 앉아 있었다. 강의실을 한 바퀴 둘러보더니 급기야 다형 선생님이 입을 열었다.
"학생들 다 어디로 갔지?"
 재수강을 하는 한 선배가 대답을 했다.
"동춘당에 탁본 실습을 하러 갔는데 좀 늦는 듯합니다."
"그렇게 말하는 자네는 누구지?"
"아, 네. 저는 재수강하는 학생입니다."
"자네 옆에 고개를 푹 숙이고 있는 놈, 너는?"
 나를 두고 하는 말이었다. 갑자기 가슴이 벌렁벌렁 뛰었다.
"자네는 뭐하는 놈이야?"
 뜻밖의 질문에 다급해져 겨우 한 마디 뱉었다.
"2학년 학생인데, 선생님 강의가 듣고 싶어서…."
"뭐야! 2학년? 2학년 놈이 왜 3학년 수업시간에 들으러 와? 건방진 놈! 나가! 빨리 안 나가."
 미처 자리를 뜨지 못하고 내가 버걱거리자 다형 선생님은 자동차 타이어 썰어 만든 슬리퍼를 벗어 던지며 고함을 쳤다.

슬리퍼, 자동차 타이어를 썰어 만든 낡은 슬리퍼…. 일단은 교실 밖으로 도망을 치는 수밖에 없었다. 겁에 질린 나는 책이며 노트를 챙겨 들고 서둘러 뒷문 쪽으로 달려 나갔다. 다형 선생님은 나머지 슬리퍼 한 짝까지 치켜 든 채 앞문을 통해 복도까지 나를 쫓아 나왔다. 나머지 슬리퍼 한 짝까지 힘껏 내던지며 다형 선생님이 내게 고함을 쳤다.

"이런 건방진 놈! 내년에 재미없어 수업을 어떻게 들으려고…."

다형 선생님의 말들이 뒤통수를 때리고는 와르르 귓가로 떨어져 내렸다.

이런 일이 있고 난 뒤 다형 선생님은 더욱 아득한 존재로 보였다. 지나치게 엄격하신 다형 선생님…. 그래도 나는 다음 시간에 다시 또 다형 선생님의 수업을 들으러 강의실로 향했다. 여전히 다형 선생님은 학생들을 쳐다보지 않고 고개를 숙인 채 강의했다.

대학 2학년의 봄 학기는 그렇게 지나갔다. 가을 학기에도 나는 다형 선생님의 수업을 청강하기로 했다. 이번에는 선배들한테 억지로 떠밀려 청강을 해야 했다. 4학년을 위한 '시 창작 연습' 과목이었는데, 수강 학생들이 모두 칠팔 명쯤 되었다. 수업은 학생들이 제출한 시를 중심으로 다형 선생님의 촌평을 듣는 형식으로 진행되었다. 촌평의 대상이 되는 시를 써 온 학생은 다형 선생님 바로 앞에 나가 앉아 있어야 했다. 4학년 선배들 중에는 시를 쓰는 사람이 별로 없었다. 그러다 보니 내가 쓴 시가 자주 촌평의 대상이 되어야 했다.

10월 초까지는 별 탈 없이 다형 선생님의 촌평을 들을 수 있었다. 10월 중순의 어느 날이었다. 4학년 선배들이 교생실습을 나가 수업에 참석한 학생이 서너 명에 불과하게 되었다. 본래 수강

신청을 한 학생도 채 10명이 못 되었다. 수업에 참석한 학생이 워낙 적자 다형 선생님이 갑자기 고개를 들어 학생들의 얼굴을 바라보았다. 언뜻 나를 알아보자 다형 선생님은 벌컥 화부터 냈다. 건방지게 2학년 놈이 4학년 수업에까지 들어왔다는 것이었다.

"4학년이 되면 수업이 시시할 것 아니야, 이 바보 같은 놈아!"

다형 선생님의 고함을 들으며 나는 다시 또 교실에서 쫓겨났다. 이번에도 다형 선생님은 슬리퍼를 벗어 던지며 복도까지 나를 쫓아 나왔다.

10월 말이 되자 낙엽이 지기 시작했다. 학내에는 다형 선생님이 회갑을 맞아 시전집을 출간한다는 소식이 파다했다. 학과 사무실에서 선생님의 시전집을 팔아 나도 성큼 한 권을 구입했다. 지난 봄 학기에는 강의노트를 정리해 『세계문예사조사』(고려출판사)를 출간했는데, 조교인 김기출 선배와 함께 나도 원고정리를 도운 적이 있었다. 누렇게 변색된 갱지에 쓰여 있는 글을 원고지에 옮기는 것이 주된 작업이었다.

11월 초였다. 국어국문과의 학과장인 박요순 교수님이 다형 선생님의 회갑연을 마련했다. 대전 시내에 있는 가톨릭문화회관 소강당이 회갑연의 장소였다. 회갑연은 국어국문과 학회지인 『숭전어문학』에 다형 선생님의 시 세계를 조명하는 특집을 싣고 그것을 봉정하는 형식을 취했다. 그 밖의 선물도 준비했는데, 학생들을 대표해 내가 그것을 다형 선생님께 드렸다.

공식적인 의식이 끝나자 여흥시간이 되었다. 제법 밤이 깊었는데, 박요순 교수님이 느닷없이 내게 축가를 부르라고 했다. 뜻밖의 일이라 당황스러웠지만 용기를 내어 배호의 노래 「마지막 잎새」를 불러 젖혔다. 가을밤의 분위기에도 잘 맞고, 다형 선생님의 분위기에도 잘 맞는 노래라는 생각이 들었다. 〈가을의 기도〉 등 가을의 시를 많이 쓴 것이 다형 선생님이 아닌가. 노래를 마치자 학생들이 박수를 쳐대며 앙코르를 청했다. 이번에도 나는 배호의 노래인 「누가 울어」를 불러 젖혔다. 노래를 하면서 슬쩍 다형 선생님의 표정을 보니 빙긋이 웃고 있었다. 이내 내 마음도 좀 누그러졌다.

학보사에서는 1973년부터 '다형문학상'의 원고를 모집했다. 다형 선생님의 뒤를 이을 시인을 키우기 위해 대학에서 특별히 만든 상이었다. 학보는 2주일에 한 번씩 발행되었는데, '다형문학상'은 일단 학보에 실린 시들을 대상으로 했다. 수상자는 연말에 결정되었고, 상금은 5만원이었다. 사립대학의 등록금이 7만 원 정도 했으니 '다형문학상'의 상금은 제법 큰 편이었다. 당시에는 신춘문에 상금도 그보다 별로 많지 않았다.

학보에는 내가 쓴 시도 실린 적이 있었다. 그런 연유로 1973년 연말 내내 나는 약간 설렘으로 보냈다. 하지만 제1회 다형문학상이 내 차례가 되지는 않았다. 제1회 다형문학상은 학보사의 편집장으로 있던 영문과의 박만춘 선배가 받았다. 박만춘 선배의 수상작은 차고 시린 이미지가 돋보이는 정지용 풍의 서정시였다.

자취생인 주제에도 당시 나는 꼬박꼬박 《동아일보》를 구독해 읽었다. 1974년 1월 초였다. 박정희의 유신독재에 대한 국민들의 저항이 점차 고조되던 시기였다. 출옥한 지 얼마 안 된 김지하 시인이 《동아일보》 1면에 '1974년 1월을 죽음이라고 부르자'며 박정희의 유신독재의 온갖 만행을 폭로하기 시작했다. 인혁당 사건이 조작되었다는 것이 주된 내용이었다. 이들 기사를 읽을 때마다 하루하루가 너무 무서웠다. 무서움을 이기기 위해 나는 〈공포에 대한 단장〉이라는 제목의 연작시 몇 편을 썼다. 그 중의 한 편이 학보에 실렸는데, 실제로 게재된 제목은 〈귀 기울이고 들어봐〉였다. 김지하의 첫 시집 『황토』의 영향을 십분 받고 쓴 시였다.

또 한해가 후딱 지났다. 어느덧 1974년 연말이 얼마 남지 않은 어느 날이었다. 학보에 발표된 이 시 〈귀 기울이고 들어봐〉가 제2회 다형문학상 수상작으로 결정되었다는 소식이 들렸다. 맨 처음 이 소식을 내게 들려준 사람은 연문희 교수였다. 처음에는 실감이 잘 나지 않았다. 상금도 컸지만 다형문학상 심사가 내가 다니던 대학 전체의 관심사였기 때문이다. 금세 나는 재학생 전체의 숫자가 650명쯤 밖에 안 되는 조그만 대학의 유명 인사가 되었다. 시상식은 다음 해 4.19혁명 무렵 채플 시간에 강당에서 열린다고 했다.

인생에는 운명이 갈리는 어떤 지점이 있다. 삶의 방향을 결정짓는 어떤 계기 있다는 말이다. 다형문학상을 수상하지 않고서도 내가 지금까지 계속해 시를 쓸 수 있었을까. 확신이 잘 서지 않는다. 긍정적인 체험이, 칭찬의 체험이 내 삶의 방향을 바꾼 것이었다.

당선작이 재수록된 학보에 다형 선생님은 내게 시인이 다 되었다고 우쭐대지 말고 착실히 실력부터 다지라는 심사평을 썼다. 연구실로 찾아뵙자 다형 선생님은 내게 좋은 시를 쓰려면 항상 겸손해야 한다고 말하기도 했다. 그동안 온갖 구박을 다 받다가 이제야 겨우 다형 선생님의 인정을 받은 셈이었다. 마지막으로 다형 선생님은 한 마디 덧붙였다.

"졸업하기 전에 등단할 생각하고 시를 부지런히 써. 작품이 좋아야 등단을 하지."

내게는 이 말이 시만 좋으면 대학을 졸업하기 전에 등단을 시켜줄 수도 있다는 뜻으로 들렸다.

다형 선생님은 커피를 좋아했다. 자호自號하여 다형茶兄이라고 한 것도 그런 이유에서였다. 영화도 좋아했는데, 특히 이소룡이 출연하는 작품에 열광했다. 어느 날 다형 선생님은 나와 김기출 선배를 앞세워 시내로 향했다. 다형 선생님의 가방을 들고 나는 주춤주춤 앞장을 섰다. 다형 선생님은 홍명상가 안에 있는 작은 호텔의 커피숍에서 커피 한 잔을 사주었다. 그런 이후 두 분은 이소룡이 주인공인 영화를 보러 갔다. 나는 다른 약속이 있어 영화관에까지 함께 가지는 못했다.

2월의 어느 날이었다. 용기를 내어 서울 수색의 댁으로 다형 선생님을 찾아뵈었다. 물론 내 손에는 몇 편의 시가 들려 있었다. 다형 선생님은 수색의 국민주택에 살았는데, 현관문을 열고 안으로 들어가자 당신께서는 나를 오른쪽의 작은 방으로 안내했다. 이 작은 방이 다형 선생님의 서재였다. 다형 선생님은 코일이 붉게 빛나는 전기 곤로 위에 주전자를 올려놓고 물을 끓여 커피 한 잔을 타 주었다. 우유도 설탕도 넣지 않은 블랙커피였.

그해 겨울은 《동아일보》의 백지광고 사태가 터져 세상을 놀라게 했다. 나는 흥사단 아카데미의 친구들과 함께 동아일보를 팔아 만든 돈으로 그 동아일보에 광고를 내고는 했다. 1975년 3월 개학을 했지만 학교와 사회가 민주언론사건, 민청학련사건 등으로 온통 뒤숭숭했다. 오랜 고민 끝에 나는 휴학을 하기로 했다. 세상이 어지러운 만큼 되도록 빨리 군역을 마칠 셈이었다. 자원해 신체검사를 받았는데, 5월에 방위병으로 소집되는 판정을 받았다.

4월 11일 오후였다. 다형 선생님이 갑자기 운명을 달리했다는 소식이 대전 캠퍼스 주변을 어슬렁거리던 내게도 들려왔다. 서울 캠퍼스의 채플에서 설교를 하다가 쓰러져 끝내 일어나지 못했다는 것이었다. 덜컥, 가슴이 막혔다. 별별 생각이 스쳐 지나갔다. 작년에 억지로 청강을 하지 않았다면 영영 다형 선생님의 강의를 못 들었을 것이 아닌가. 스쳐지나가는 생각들 중에는 그런 것도 있었다.

다음 날 아침 나는 서둘러 기차를 타고 서울 수색의 다형 선생님 댁으로 향했다. 다형 선생님의 댁은 조문 온 문인들로 초만원이었다. 한국 문단의 거물들이 다 모여 있는 듯싶었다. 서정주 선생이며 김동리 선생, 조연현 선생도 조문을 다녀갔다. 흰색 바지에 흰색 점퍼를 입은 키가 큰 이동주 시인이 흰색 고무신을 신고 성큼성큼 집안을 오가며 장례를 챙겼다. 박봉우, 강태열, 조재훈, 이성부, 조태일, 문순태, 김준태 등 광주의 여러 문인들도 그 자리에서 뵐 수 있었다.

밤이 되자 화톳불이 피워지고 집안의 여기저기에서 술자리가 벌어졌다. 좀 취한 박봉우 시인과 강태열 시인이 나를 붙잡아 앉혀놓고는 자꾸 말을 걸었다.

"네가 다형 선생의 제자라는 말이지? 마음이 아프것지. 미래가 걱정 되것지. 걱정 말그라 잉! 아, 여그 선배들이 있잖냐? 등단? 아, 우덜을 믿어! 우덜이 다 책임을 질팅게."

두 분 시인의 말은 나를 잠시 어리둥절하게 했다. 책으로만 읽던 수많은 문인들을 이 자리에서 직접 만나는 것만으로도 이미 나는 어리둥절해 있었다.

장지는 모란 공원이었다. 많은 문인들과 함께 나도 버스를 타고 모란 공원으로 향했다. 어쩌다 보니 이문구 선생과 자리를 함께 하게 되었다. 하지만 문순태 선생이 자리를 바꾸자고 해 김준태 시인의 곁에 앉아 장지로 향했다. 〈참깨를 털면서〉의 시인 김준태! 나는 김준태 시인에게 무언가 자꾸 말을 걸었고, 김준태 시인은 귀찮은 듯 겨우 몇 마디씩 대꾸를 했다. 그러는 동안 버스는 모란공원에 도착했다.

지금도 산역을 하고 있는 모습이 흐릿하게 뇌리에 남아 있다. 멀리서 묘 자리를 바라보고 서 있던 이성부 시인의 모습, 성큼성큼 장지의 주변을 오가던 조태일 시인의 모습이 떠오른다.

4월 말의 어느 날이었다. 전교생이 다 모인 채플에서 이한빈 총장님이 내게 직접 다형문학상을 시상했다. 다형 선생님이 살아 있으면 얼마나 좋을까. 그래도 나는 제법 짓이 나 낭랑한 목소리로 당선시를 낭송했다.

다형 선생님이 없이 혼자 시를 공부하자니 막막하기만 했다. 시간은 가는데, 아무리 쫓아가도 시는 자꾸만 도망을 쳤다. 방위병으로 소집되어 군부대로 출근을 하면서도 시에 대한 갈증은 끊이지를 않았다. 그럴수록 시인의 길은 요원했다. 선생님이 없으니 누구한테 시를 배운다는 말인가. 하는 수 없이 나는 선생님이 주신 화두를 또다시 입가에 매달리기 시작했다. 시가 덜 되었다는 말이 무슨 뜻이지? 시의 경지에 이르지 못했다는 말은 또 무슨 뜻이고? 시가 들어 있기는 하다는 말은 또또 무슨 뜻이고? 시가 조금 되었다는 말은 무슨 뜻이고….

수많은 시간을 나는 이들 화두에 매달려 보냈다. 내가 직접 시의 비밀을 풀어내기 위해서는 어쩔 수 없었다. 다형 선생님이 곁에 없다 보니 너무 오랫동안 내일이라는 '창'을 잃어버린 날들이 계속되었다. 어떻게 해야 하나. 더러는 선생님의 시 〈창〉을 큰소리로 낭독하며 이들 화두를 되묻기도 했다.

창을 사랑한다는 말은,
태양을 사랑한다는 말보다
눈부시지 않아 좋다.

창을 잃으면
창공으로 나아가는 해협을 잃고,
명랑은 우리에게
오늘의 뉴우스다.

창을 닦는 시간은
또 노래도 부를 수 있는 시간
별들은 12월의 머나먼 타국이라고….

창을 맑고 깨끗이 지킴으로
눈들을 착하게 뜨는 버릇을 기르고,

맑은 눈은 우리들
내일을 기다리는
빛나는 마음이기에….

이은봉 1953년 세종시(구, 공주) 출생. 1984년 《창작과비평》 신작 시집 『마침내 시인이여』를 통해 시인으로 등단. 저서/ 시집『봄바람, 은여우』, 『생활』, 『걸어 다니는 별』 등. 평론집『시와 깨달음의 형식』, 『시의 깊이, 정신의 깊이』 등. 현/ 광주대 명예교수. 대전문학관장.

한희원

양림동의 김현승 시인

얼마 전 1930년대 발행된 아버지의 오래된 평양 숭실전문학교 졸업앨범을 본 적이 있었다. 낡았지만 오래된 역사가 묻어있는 앨범을 넘겨보았다. 앨범에는 흐릿한 흑백사진의 대학 전경이며 단정한 몸맵시의 교수들의 사진이 나열되어 있었다. 교수들이 소개된 장에는 동경대학을 졸업하고 평양 숭실전문으로 갓 부임한 젊은 양주동 박사의 모습이 보였다.

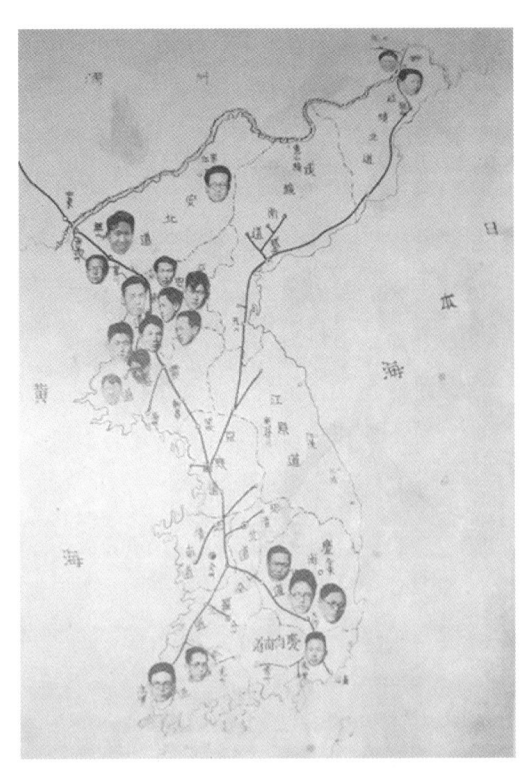

평양 숭실전문 1933년 졸업앨범, 광주지역에 김현승 시인의 형인 김현정의 얼굴이 붙어있다.

몇 장을 더 넘기니 특이한 사진이 눈에 들어왔다. 앨범 한 페이지에 한반도 지도가 그려져 있었고 전국 각지에서 평양 숭실전문으로 온 졸업생들의 사진이 붙어있었다.

그 시절 평양 숭실전문에는 졸업생 수가 고작 30여 명에 불과하여 어느 지역에서 온 지를 확연히 알 수 있었다. 특별히 눈에 들어온 점은 평양에서 한참 먼 곳인 광주지역에 한 명의 졸업생 얼굴 사진이 부착되어 있었다. 여윈 모습에 지적인 풍모였는데 나중 알고 보니 김현승 시인의 형 김현정이었다.

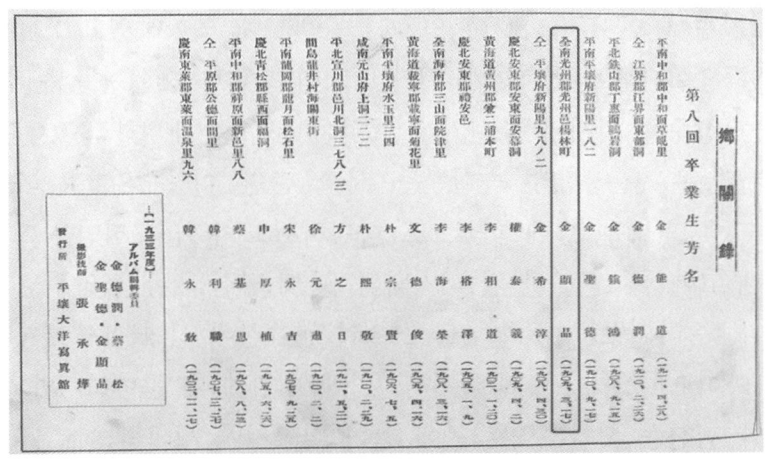

김현승 시인의 형 金顯晶의 광주 양림동 주소, 평양 숭실전문 졸업앨범 중

김현승 시인의 부친인 김창국 목사는 언덕 위 양림교회(기독교 장로회)에서도 시무하셨는데 아들들은 기독교 미션스쿨인 평양 숭실전문에서 수학하도록 한 것이다. 양림동에는 김현승 시인과 필자의 부친인 한이직 교장, 양림교회(언덕 위 교회, 김현승 시인이 다니던 교회)에서 지휘자로 오랫동안 활동하셨던 홍천표 장로

109

가 평양 숭실전문 출신이었으니 평양에서의 인연이 양림동까지 이어져 온 것이다.

　김현승 시인은 1913년 4월 4일 기독교 집안인 아버지 김창국과 어머니 양응도 사이에서 4남 2녀 중 둘째 아들로 평양에서 태어났다. 아버지 김창국 목사는 목사 안수를 받은 후 젊은 시절 제주도 성내교회에서 목사일을 하며 기미년 3.1운동에 적극 가담했고 그 일로 옥고를 치렀다. 그리고 1920년에 광주로 옮겨 30년 동안 광주에서 목사로 시무하였다. 김현승 시인은 만 7세 때부터 양림동 78번지에서 살았다. 기독교계 광주 숭일학교 초등과를 나와 친형이 먼저 유학한 평양 숭실중학교에 입학하였고 1932년 평양 숭실전문에 입학하게 된다. 그 시절 평양 숭실전문 문과부에는 양주동 박사와 소설가 이효석이 교수로 재직하고 있었다. 필자의 부친은 평양 숭실전문 시절 춘원 이광수의 추천으로 1935년 《동아일보》에 희곡으로 등단하셨고 김현승 시인은 교지에 투고한 시 〈쓸쓸한 겨울 저녁이 올 때 당신들은〉을 양주동 교수가 《동아일보》 1934년 5월 25일자 문예란에 실게 함으로써 그의 나이 만 21세 평양숭실전문 3학년 때 문단에 등단하였다. 필자와 김현승 시인은 양림동에 같이 살았지만 세대 차이로 직접 만나지는 못했다. 그렇지만 이러한 인연을 갖게 된 것이다. 김현승 시인이 태어난 곳은 평양이었지만 마음속의 고향은 생애의 3분의 2를 보낸 광주의 양림동이라 생각했다. 시인의 산문 〈겨울 까마귀〉에서도 "나의 고향은 따스한 전라도의 남쪽 광주이다. 이 광주에서도 남쪽에 위치한 양림동이다"라고 읊조렸다.

　김현승 시인은 1919년부터 소학교를 졸업하던 1927년까지 그리고 1936년부터 서울의 숭전대로 가게 된 1965년까지 생의 대부분을 양림동에서 살았다. 김현승 시인의 태생지는 평양이었으나 그의 부친이 광주에 정착함에 따라 그의 고향이 되었다.

「그러나 그의 고향은 지금 예전의 모습이 아니다. 그가 즐겨 산책했던 양림교회(현재의 속칭 「웃교회」)로 오르는 황톳길은 포장이 되고 큰 나무들은 잘려나가고 그 앞 논밭은 이제 주택으로 가득 찼다. 어디 그뿐인가, 문학에 이끌려 그를 따르던 후배들이 무시로 들락거리던 그의 집마저 헐려나가고 없다. 광주시 양림동 89번지, 이곳에선 이제 영원히 그의 자취를 찾을 수 없게 된 것이다. 행여 타관 사람이 찾아와 이 위대한 시인의 고향집이라도 물을라치면 무어라 답해야 할까 내내 아쉬움을 떨쳐 버릴 수 없었다. 그러나 양림교회 입구에 있는 그 집은 그가 결혼 후 분가해서 살던 곳이며, 결혼하기 전 유년시절을 보냈던 양림교회 사택(양림동 78번지)만은 아직도 남아있다 하나 2백 평이 넘었던 이집도 이젠 몇 채로 나뉘어져 그와는 아무 관련이 없는 사람들이 살고 있다.」
—『월간예향』1985년 1월호 이홍제 기자 글에서 발췌

지금은 없어진 당시 양림교회 사택, 김현승 시인이 유년시절을 보낸 곳이다. 사진 속의 인물은 동생 현구 씨(광주일보사 제공)

지금은 사라진 양림교회로 오르는 나무가 있는 오솔길을 그는 사랑했다. (광주일보사 제공)

양림교회에 올라 나무를 안고 있는 김현승 시인(광주일보사 제공)

지금은 많은 변화가 있었지만 김현승 시인이 살았던 시절의 양림동은 기독교의 모체라 할 만큼 마을 자체가 기독정신이 배어있는 곳이었다. 양림동산에는 선교사 사택이 있고, 기독병원, 양림교회, 숭일, 수피아학교가 있어 마을 사람들 대부분이 신앙을 지니고 있었다. 시인이 걸었던 양림동의 길들, 교회당이 보이는 언덕길, 까마귀가 날아다니던 양림산은 김현승 시인의 시정신이 스며

들어 있다.

　김현승 시인이 몇 번 이사하며 살던 양림동의 집들은 숱한 사연들을 묻고 지금은 거의 사라지고 없다. 다행히 정율성 생가 건너편에 시인이 살았던 집이 남아있다고 하니 시인의 흔적이 영영 사라지지 않게 보존되어야 할 것이다. 양림동에는 오웬기념관, 우원순 선교사 사택, 이장우 가옥, 최승효 고택, 유진벨 선교사 기념관, 오방 최흥종 목사 기념관, 조아라 여사 기념관 등 유적지가 남아 있지만 양림동의 대표적 예술가인 김현승 시인의 정신을 만날 수 있는 문학관이 없어 안타까운 마음이다. 그동안 많은 논의가 있었지만 아직까지 이루어지지 않고 있다.

　양림동은 김현승 시인뿐만 아니라 시인의 제자였던 소설가 문순태, 그리고 황석영, TV 드라마 작가 조소혜, 방림동의 이수복 시인, 광주 천변 건너에는 곽재구 시인의 〈사평역에서〉의 모티브가 되었던 남광주역(지금은 소실된 역)이 있었으니 한국의 대표적인 문학의 장이 열렸던 마을이다. 이곳에 양림동의 대표적 예술가인 김현승 시인의 문학관이 들어선다면 양림동에 예술정신의 꽃이 필 것이다.

　김현승 시인은 깊은 기독교 신앙과 거짓된 현실과 타협을 거부하는 시 정신으로 일관된 생애를 보냈다. 그것은 한국 초기 기독교 정신이 배어있는 가정의 영향 때문이었다. 아버지의 항일운동, 여동생의 투옥과 고문으로 사망, 광주 YMCA 창립멤버이자 독립운동가였던 어머니 양응도도 신사참배 거부로 모진 고문 끝에 딸이 사망하자 그 충격으로 별세, 친형이 일제 때 고문으로 목사일을 하다 병들어 죽어간 일들은 김현승 시인의 부정한 현실과 타협하지 않는 시 정신의 근간을 이루게 된다. 한국시인협회 제1

회 수상을 거부(김수영이 수상)한 이유에서도 시인의 정신을 엿볼 수 있다. 이러한 시 정신은 시인의 독실한 신앙과 결합하면서 인간의 마음을 안아주는 기도와 위로의 시로 쓰여진다. 고통을 아는 자만이 진정으로 깊은 위로를 줄 수 있는 것임을 시인은 삶과 시로써 보여준다. 시인의 시 〈눈물〉은 사랑하는 자녀를 먼저 보내고 견딜 수 없는 슬픔을 신앙으로 승화시킨 기독교 정신의 정점을 이르게 하는 시이며 신을 향한 기도의 시라고 할 수 있다.

더러는
옥토에 떨어지는 작은 생명이고저…

흠도 티도,
금가지 않은
나의 전체全體는 오직 이뿐!

더욱 값진 것으로
드리라 하올 제,

나의 가장 나중 지니인 것도 오직 이뿐!

아름다운 나무의 꽃이 시듦을 보시고
열매를 맺게 하신 당신은,

나의 웃음을 만드신 후에
새로이 나의 눈물을 지어주시다.

—〈눈물〉

무등산 자락에는 시인의 시 〈눈물〉이 새겨진 시비가 있고 양림동 호남신학교에는 시인의 시정신을 닮은 날카로운 펜촉으로 형상화한 시비가 하늘을 향해 서 있다. 시인은 떠났지만 시인이 살고 걸었던 양림동의 숲과 언덕길에는 시인의 시가 배어 있다. 시인이 양림동에 살았던 시절에는 많은 문인들과 제자들이 찾아와 다형 시인이 타준 커피를 마시며 양림을 거닐었다. 제자들과 함께 양림산을 찾아 산책을 할 때는 갈까마귀가 우수수 날아다녔다고 한다.

저녁종 무등산이 보이는 양림 언덕 위 교회, 1995년 한희원 작

시인이 떠난 후 양림동은 많은 변화가 있었다. 시인이 걷고 다녔던 언덕 위 교회는 세 번의 재건축을 통하여 우람한 교회가 지어졌고 시인이 사랑하던 언덕 위 나무들은 사라지고 없다. 마을의 한 부분이 사라지고 아파트가 들어섰다. 양림동을 가로지르던 철길도 이제는 푸른길로만 만날 수 있다. 그렇지만 양림산의 나무들은 시인이 살았던 시절보다 더 자라 울창한 숲을 이루고 있다. 지금 양림동에는 많은 예술가들이 모여들어 자신의 둥지를 틀

고 작품 활동을 하고 있다. 김현승 시인이 뿌리를 내린 양림동의 예술 정신은 지금은 더 큰 물줄기를 만들며 흐르고 있는 것이다.

김현승 시인은 양림동에 살면서 일찍이 조선대학교 문학 교수로 재직하였다. 이 지역을 대표하는 작가들을 배출시킨 광주 문학의 대부요 정신적 기둥이었다. 그를 통해 문단에 데뷔했거나 그와 교감했던 작가들은 그를 광주 문학의 대부였다고 말하길 주저하지 않았다. 다형 김현승 시인은 평생 맑음과 엄격함, 절제와 양심을 지키며 종교적인 삶을 살다 간 시인이다. 끝없는 자기 절제 속에 드디어 만나는 절대 고독의 세계, 이러한 삶의 모습은 많은 작가들에게 작가적 삶의 전형을 보여주는 것이라 할 것이다.

지금도 시인의 제자들이 '다형문학회'를 조직하여 활동하고 있지만 그의 시 정신이 역사 속에서 '참'의 편에 섰던 광주 정신과 양림동의 예술 정신으로 살아있기를 염원한다. 세상이 아프고 힘하니 더욱 김현승 시인의 시정신이 그립다.

한희원 광주 출생. 조선대학교 미술교육과 학사. 순천여자상고 · 광주상고 교사 재직. 전남연극제 무대미술상 · 대동미술상 · 원진미술상 수상. 시민들과 교감하는 〈찾는 미술 장터 전〉(구례 · 광양 · 순천 아랫장터), 경인미술관(1993), 이방인의 소묘(김냇과, 2020), 독일 순회전(2021) 등 다수. 『순천문학』 창간 동인. 시화집 『이방인의 소묘』. 한희원미술관 관장.

예술과 논리 사이로 흐르는 시간 2

손 광 은

「김현승 詩抄」의 가치추구

1.

다형 김현승 시인의 시세계를 파악하는데 있어서, 시집 『김현승시초』[1](1957년)를 보다 면밀히 해석적 연구를 거쳐 놓은 다음 제2시집 『옹호자의 노래』[2](1963년), 제3시집 『견고한 고독』[3](1968년), 제4시집 『절대고독』[4](1970년)을 중심으로 다형의 시세계와 시의 변모 발전의 궤적을 사적으로 긋고, 시인의 의식내부의 사상과 감정과 기법 등을 통해 독자는 해석적 상상력을 음미할 수 있어야 할 것 같다.

그러나 다형의 시작활동은 시집출판 이전 20수년 전부터 했으므로, 20수년 전으로 거슬러 올라가서 변모의 모습을 연구해야 할 것이나, 필자는 초기 작품집 『金顯承詩抄』를 중심 정신의 문제작을 써서 현대시의 새 국면을 개척해 주고 있는 반면, 균형

---

[1] 김현승, 『김현승시초』. 문학사상사, 1957. 12. 1
[2] 김현승, 『옹호자의 노래』. 선명문화사, 1963. 6. 25.
[3] 김현승, 『견고한 고독』. 관동출판사, 1968. 1. 15.
[4] 김현승, 『절대고독』. 성문각, 1970. 10. 21.

잡힌 지성과 감성, 그리고 예지의 섬광이 반짝이는 의식 내부의 본질까지도 명확히 밝혀 가치의 한계를 관찰하고 감각으로써 존재한 표상성을 시어로써 구사하여, 상상하고 재현하는 감각성과 시상 전달의 효과를 크게 하였다.

뿐만 아니라 효과적인 리듬 어미의 구조정리 등 감정성과 이미지의 연합에 의한 의미적 운동인 지성을 언어의 형식으로 삼기도 하고, 반사 감각성, 사상의 공동성 그 중간에 잠재적인 정서의 불변성을 이어 영원성을 감지케 했다.

즉 감각과 이지성과의 결합에 의하여 비약적인 지성의 활동으로 고도의 정서를 가져오게 했다.

이 새로운 한국 현대시풍은 서구의 그것으로부터 양분되는 30년 중엽 모더니즘 경향의 T.S. 엘리엇 풍과, 한국의 정지용과 만나고, 순수의 佛의 발레리의 성질을 함께 다형 시에서 찾을 수 있을 것이다.

정지용의 감각적 이미지와 김광균의 회화적 이미지. 김기림의 모더니즘 경향의 계열에서 새롭게 변모 발전한 주지적인 경향이다. 더욱 뚜렷한 사상적 바탕을 지닌 유니크한 언어의식은 합금적인 확장의 언어의 질은, 한국시 의식에 새로운 주지적 차원을 개척했다.

다형의 시가 추구하고 있는 가치, 가치의 추구가, 왜 이렇게 다양한 정감을 제공하는가, 그리고 생각하게 하는가?

거짓과 죄악이 없는 전인격적 가치의 정직한 생명감이 어찌하여 흐르고 있는가, 어떤 이는 드라이하다 하지만, '눈물'과 같이 슬픔을 통하여 인생의 깊이와 가치를 체득하게 하는가. 이런 반응은 시 한편 한편에서 자극되었다. 이 반응은 평범한 사물에서 현실과 대치하여 정신적인 본질 세계를 암시하기도 하고, 무가치한 공리와 불순과 황폐로 가득한 곳으로부터 다형은 떠나 있음을 알 수 있었다.

그러므로 이러한 진정한 가치를 만나지 못한 현대에서 독자로 하여금 다시 만나 보도록 하고 싶었다.

다형은 그 시 세계가 가치 추구와 순수 세계의 음영이 보인다.

즉, 다형 시의 본질이 가치의 추구에다 뿌리박아 놓고 있어 다형의 내면에서 일어나는 온갖 희로애락의 사상과 감정은 이 가치를 중심하여 여러모로 이해되고 해석할 수 있을 것이다. 한편 순수의 세계에다 자리를 잡아 인간과 현실의 온갖 문제에 대한 평가의 기준이 다를 수밖에 없는 양면의 내재적인 다양한 음영이 그것이다.

다형의 시는 이러한 시의 안목과 시정신에서만 살아 움직이게 되므로 평범한 사물들은 빛을 얻고, 사라지려 하는 것들도 새롭게 찾아내어 말해진 것이 아닌가 한다.

다형의 시는 가치 발견의 시이며 그 발견이 새롭고 신비할 때 풍기는 음영은 사물의 본연이 지닌 순수한 가치인 것도 알 수 있다. 다형 시가 지닌 장점은 현실과 사물을 본질적인 가치로서만 보여주기 때문이다. 이를 다시 다형의 시집에 나타난 창작적 경향을 검토하여 다형의 시에 대한 감동을 받았을 때 드러난 개성적인 것을 발견하고자 한다. 시를 통한 인간 의식을 엿볼 수 있을 것이다.

2. 다형 시의 본질

내가 사월에 피는 수선을 사랑함은
내가 그대의 그 아름다운 눈동자

기억하여 잊지 못함도.

　　내 꿈의 영자를 어렴풋이나마
　　저 자연과 그대의 얼골에서 바라볼 수 있기에……

　　내 꿈이 사라질 때,
　　나의 사랑도 나의 언어도
　　나의 온갖은 비인 것 뿐

　　이렇듯 빛나고 아름다운 그 곳에 서서
　　언제나 내 갈길을 손짓하여 주는

　　내 꿈은 나의 영원한 깃발
　　나의 영원한 품…….5)

　　　　　　　　　　　　　　　　　　　　　　－〈꿈〉

　이 시는 다형이《동아일보》에 1934년 〈쓸쓸한 겨울 저녁이 올 때 당신들은〉을 송고하여 시단에 데뷔한 이후 비교적 시작활동의 초기 작품에 속한다.
　다형의 〈꿈〉은 다형의 시 세계를 설정하고 가치의 세계를 모색하는 몸부림을 보이고 있는 작품이다. 내가 주가 되어 수선을 사랑하며 아름다운 눈동자를 기억하여 못 잊음의 그 자연과 인간은 사물의 본질적인 가치의 추구임이 분명하다. 〈꿈〉을 구성하고 있는 언어가 다형의 의식을 드러내주고, 그 의식의 적응을 그 사회의 체험인 관념과 정서를 바탕으로 깔고 있으며, 이 의식의 다형의 〈꿈〉은 그 관념과 정서가 얼마만큼 필연성을 가진 언어의 재구성인가, 언어기능의 환정적 기능이 이루어졌는가 하는 감화의 세계에서 바라보면, 공리적 가치를 가지고 바라보는 각도는

---
5) 김현승, 『김현승시초』. 문학사상사, P. 63~64

상식을 깨뜨린다고 하겠다.

"내 꿈이 사라질 때/ 나의 사랑도 나의 언어도/ 나의 온갖은 비인 것뿐"이라고 하면 나의 마음이 고독한 본질적 가치를 추구하고 있기 때문이다. 바로 '비인 것'은 내재적인 고독일 것이다. 차가운 지성의 사색과 관조를 바닥에 짙게 깔면서 사물의 본질적 추구에 대한 향수의 깃발이며, 나를 형성한 인품일 것 같다.

"빛나고 아름다운 그곳에 서서

언제나 내 갈 길을 손짓하여 주는" 환경의 순응은 강요하는 '비인 것'이 바로 다형의 내부에 살아 숨쉬고, 그것이 다형의 시론인 양 내부의 의식인 것이다. 이 내부의 의식이 항상 언어와 함께 다녀 거의 선천적이라 할 만큼 '비인 것'의 실체인 다형의 마음, 즉 '비인 것'은 채울 수 있는 가능성을 지닌다 하겠다. 이 채울 수 있는 가능성의 '비인 것'의 실체인 고독의 의지가 다형에게는 있어, 이것이 시의 재료로 끊임없이 일어나고 이것이 언제나 다형의 생활관 세계관 미학관을 형성하고 사물의 순수한 본질을 파악하려 든다. 다형은 그것들에 부수되고 그것들을 외면적으로 현혹케 하는 것들을 거부하고 타협하려 하지 않는다.

이러한 의식구조를 지니고 있기에 흔히 다형을 괴팍하고 비타협적이라는 말을 듣는지 모르겠다. 괴로운 체험의 뚜렷한 근거 없이 현상적인 조건으로서만 바라볼 수밖에 없는 부당한 수의 힘에 의하여, 부당한 공리적 가치를 가지고 인간과 사물을 판단하려 든 때문이다. 그러나 다형은 진리가 다수의 힘에 핍박을 받는 것과 같이 다형이 고독한 이유도 여기에 있다. 고독의 근원은 끊임없는 지성의 움직임이다. 그 지성의 움직임은 어느 한편에만 치우치는 게 아니고 지적인 관심의 도를 완강하게 다스리고 감정과 이성을 오히려 빛나게 하고 만다.

    창을 사랑하는 것은
    태양을 사랑한다는 말보다
    눈부시지 않아 좋다.

    窓을 잃으면
    창공으로 나아가는 해협을 잃고,
    명랑한 우리에게
    오늘의 뉴우스다.

    창을 닦는 시간은
    또 노래도 부를 수 있는 시간.
    별들은 십이월의 머나먼 타국이라고……

    창을 맑고 깨끗이 지킴으로
    눈들을 착하게 뜨는 버릇을 기르고

    맑은 눈은 우리들
    내일을 기다리는
    빛나는 마음이게…….

                                      —〈창〉

 이 시는 마음의 창을 노래하고 있다. 창은 우리에게 광명을, 흔히 태양임을 의미한다. 내일을 기다리는 시인 다형은 "사람은 눈이 窓이고 집은 그 창이 눈이라"[6]하듯 다형은 마음속에 이런 통로를 가지고 있다.
 창은 어떤 의미에서는 우리에게 생명을 유지해 준다. 창에서

---

6) 김현승, 『교양현대문』. 국제문화사, 65. 4. 15. pp. 121~123.

바라보는 것이 자기에게 있어서는 전부이기 때문이다. 그 통로의 생명을 창은 매력으로 지니고 있다. 창을 통하여 온 세상 것을 꿰뚫어 봄으로 창은 외계와의 통로다. 창은 미지에 대한 동경이 있는 반면, 미지의 세계에 대한 불안도 함께 있는 것이다. 그러나 다형에게 창이라는 이미지의 명랑은 활력과 생기의 근본이며 추진력으로 부각되어 있다.

"제1연. 창을 사랑하는 것은 곧 태양을 사랑하는 것이다. 태양을 사랑하는 것은 또한 밝음과 명랑을 사랑한다는 말이 된다. 그러나 태양을 사랑한다고 눈부시게 말하는 것보다는, 창을 사랑한다고 줄여서 표현하는 것이 더 함축성이 있고 은근하게 들릴 것이다.

제2연. 우리의 생활이 만일 마음의 창인 명랑을 잃으면, 어떤 해군력이 큰 바다로 나아가는 길목인 해협을 잃은 것과 같이, 창공—즉, 크고 밝은 이상을 성취하는 길을 잃게 되는 결과에 이른다.

제3연. 그러므로 명랑은 우리의 일상생활에서는 그 무엇보다도 언제나 가장 새롭고, 중요한 소식이 되는 것이며 또 되어야 한다.

제4연. 창을 닦는 사람은 그 창 너머로 비치는 별들을 바라보면서 저 별들은 12월의 머나먼 이국땅이라고 한가히 노래도 부르게 된다. 그와 같이 마음이 명랑한 사람은 인생에 대한 여유까지도 가지게 되어 각박하게 살거나 또는 악착스럽게 살지 않는다.

제5연. 그러므로 명랑이라는 마음의 창을 항상 맑고 깨끗하게 함으로써 그 명랑한 마음이 우리들의 눈에 비치게 하고,

제6연. 그 맑은 눈은 또는 보다 밝고 건강한 내일의 역사를 기대하는 밝은 마음이 비친 거울이게 하자"[7]고 다형은 설명하고 있다.

---

[7] 김현승, 『한국현대시해설』. 관동출판사, 1972년, p. 188.

정태용씨는 이 '창'을 "시인의 우울한 얼굴빛과는 대조적이다. 시인의 우울한 얼굴빛이라고 했지만, 실상은 깊이 생각하는 얼굴이요, 깊이 생각함으로써 시인의 활력을 안으로 북돋우는 것일 것이다"8)고 말하면서 "즐겁게 노래 부를 수 있는 한편의 시이며 '눈부시지 않아 좋다'의 가벼운 해학으로 출발한 시가 그러한 기분으로 끝까지 이어간 점이며, 시야를 툭 틔워 주는 역할, 이러한 수법은 정태용씨가 알기로는 일제 때에 나온 시인들 중에는 처음 있는 일"9)이라고 말하고 있다.

일제의 암담한 상황에서 내일의 밝음을 창으로 보려고 하는 것은 단순한 내다봄이나 미지의 세계에 대한 호기심이 아니라 시대의식이 시화된 것이다.

이러한 경향은 다형에게는 하나의 본능처럼 몸에 배어 추구하고 있는 시세계이다.

> 나는 이렇게 내일을 맞으련다.
> 모든 것을 실패에게 주고,
> 비방은 원수에게,
> 사랑은 돌아오지 못하는 날들에게……
>
> 나의 잔에는
> 천년의 어제보다 명일의 하로를
> 넘치게 하라
>
> 내일은 언제나 내게는 축제의 날,
> 꽃이 없으면 웃음을 들고 가드래도……

---

8) 정태용, 『김현승론』. 현대문학 통권 194호, p. 360.
9) 정태용, 『ibid』. p. 361.

내일,
오―랜 역사보다도
내일만이 진정 우리가 피고 가는
풍성한 흙이 아니냐?

― 〈내일〉

이렇게 다형은 시간의 흐름으로 마련되는 모든 정신적인 본질의 세계를 암시한다. "모든 어제는 실패에 주고, 비방은 원수에게, 사랑은 돌아오지 못하는 날들에게……" 주어 버림으로 새롭게 만나는 오늘의 시간은 비록 좌절이 있을지라도 내일을 만나는 활력은 어둠이 아니라 밝은 이미지다. 사물을 꿰뚫어 보는 이미지다. 창을 통해 밖을 내다보듯 오늘을 통해 내일을 바라보는 희망은 새로운 꿈으로, 풍부한 마음으로 차 있다.

천년의 어제보다 밝은 「하루」를, 생명의 잔을 마시려 한다. 다형은 내일을 위해 살지, 어제의 모든 슬픈 어두움을 위해 살지 않는 것을 알 수 있다. 외형적인 화려한 축복의 꽃이 없어도 좋다. 다만 본질적인 내면의 즐거운 웃음을 들고 살다 가려는, 내일의 밝음에 사는, 내일의 시인이다. 아마도 기독교의 신앙심이 배어 물든 세계관의 바탕이 아닐까.

그런데 다형의 어제는 사라지고 잊어버린 것이 아니라, 분명한 시각적 영상을 의미하고 그 영상은 시각적 상상력이다.

어제/ 그 시간을/ 비에 젖은
뽀―얀 창밖에 넣어 보자
어제/ 그 시간 앞에/ 멀리 검은 나무를 심어두자
오랜 그늘을 지키는……
어제,
그 시간을

정한 눈물로 딲어두자
    내게는 이제 다른 보석은
    빛나지 않으려니……

　　상상 속에 보는 다형의 어제는 인식하였을 때 반드시 거기에 또한 내일의 의미가 있음을 인식하게 될 것이다. 어제를 정한 눈물로 닦아 빛나게 간직하고 말면, 마음속에 빛나는 보석은 오직 '어제' 뿐인 것이다. 순수한 시적 상상에서 뽀—얀 창밖에 어제 그 시간을 넣어둔 시각적 상상력은 내일의 밝음을 내다봄이다.
　　다형의 초기 감각은 시각적이며 그 시각적 감각은 구체적이다. 공감각의 이미지가 나타난 경향은 대상인 자연의 객관적 현상을 항상 주관적인 '내(자아)'의 심상으로 이끈다.

    푸른 잉크로 시를 쓰듯
    백사장의 깃은 물결에 젖었다.

    여기서는 바람은 나푸킨처럼 목에 걸었다.
    여기서는 발이 손보다 희고
    게는 옆으로 걸었다.

    멀리 이는 파도—
    바다의 자스민은 피었다 지고
    흑조빛 밤이 덮이면
    천막이 열린 편으로
    유성들은 시민과 같이 자조 지나갔다.
    …중략…
    나는 다시 파도에서 배운 춤을 일깨우고
    내 꿈의 수평선을 머얼리 그어 둘테다.

    나는 이윽고 푸른 바다에 젖은 손수건이 되어

뭍으로 돌아왔다.

―〈바다의 육체〉

이렇게 주관적 관념의 세계에서 연상되는 이미지는 선명하다. 수사적인 '듯', '처럼'의 밝힘의 원리인 직유가 사상 감정을 더욱 선명하게 연상케 하여 참신한 시각적 영상을 의미한다. 이런 시의 경향은 〈가을의 소묘〉에서 더욱 승화되었다.

> 수심이 깊듯 짙던 그늘이 한몫 떨어지면
> 하늘은 건너편 에메랄드 산지……
>
> 임금나무의 열매들은 소년의 뺨을 닮아가고
> 햇볕은 밭머리에서 옥수수의 여윈 그림자를 걷우어 간다.
>
> 기적소리 들녘에 길게 나는
> 다시금 十月이 오면,
> 언덕은 어느듯 가산을 헤치듯
> 나뭇잎들을 바람에 죄다 날려보내야 하고
>
> 하늘가 멀리 뜨는 별들마저
> 추수에 부슬부슬 떨어질게다.
>
> 오랜 악기의 줄을 쓰는 쓰르라미는
> 섬돌위에 산다의 향기를 가다듬고
>
> 참회하는 이스라엘의 여인처럼
> 누리는 이윽고 재를 무릅쓸 때…….

이 시는 자연을 정시하였을 때 다형의 심중에 감동과 서정을 새로운 감각으로 대비시켜 가치질서를 재구성하려는 태도를 보인 것은 그가 주지적 경향을 단적으로 보여 준 것이다.

　한국적 모더니즘의 시인들에게 지성은 항상 내용적인 면에만 치중했을 뿐 내용을 시각적 영상으로 밝게 참신하게 재구성시키는 일은 부족하였다. 그러나 다형은 내용이 변해서 형식을 이루는 조화의 시정신 속에서 필연적인 시작 태도임을 살펴보았다.

　한편 필연적인 다형의 시작 태도는 그 배경을 서구 발레리나 T.S. 엘리엇의 경향에서 연원된 것 같다. 한국적 경향으로서는 정지용과 김기림에서 시적 음감을 얻지 않았나 하는 생각이다.

　1924년대 이후 서구시의 표현양식, 시상 정서의 표출, 시의 감각을 퇴폐적이고 감상적인 현상에서 우리 시의 결함을 찾을 수 있을지 모르나 오직 다형은 1934년 이후 5, 6년간의 작품 내부에는 한국적 바탕 위에 수용·재구성되었다. 불가시적인 사물 속에 가시의 세계를 추구 하는 모더니즘의 경향을 띠고, 그런 세계를 구축하려는 정신활동이 작품 속에 보인 바다.

　'창'의 활기와 창조성이 그들의 개성보다는 나은 서정과 감동이 합금적 효과를 내고 있는 점이다.

　다형 시의 밑바닥에 깔려 있는 지성의 본질은 대리석처럼 차고 단단하지만, 그 속에 기독교의 사랑과 구원의 갈구가 있어 사상성은 전통적인 듯 하다.

　　　넓이와 높이보다
　　　내게 깊이를 주소서,
　　　나의 눈물에 해당하는……

　　　산비탈과
　　　먼 집들에 불을 피우시고

가까운 길에서 나를 배회하게 하소서.

나의 공허를 위하여
오늘은 저 황금빛 열매들마저
그 자리를 떠나게 하소서,
당신께서 내게 약속하신 시간이
이르렀습니다.

지금은 기적들을 해가 지는 먼 곳으로
따라 보내소서.
지금은 비둘기 대신 저 공중으로
산가마귀들을
바람에 날리소서.
많은 진리들 가운데 위대한 공허를
선택하여
나로 하여금 그 뜻을 알게 하소서.

이제 많은 사람들이 새술을 빚어
깊은 지하실에 묻는 시간이 오면
나는 저녁 종소리와 같이 호올로 물러가
나는 내가 사랑하는 마른풀의 향기를
마실 것입니다.

－〈가을의 시〉

　이 시에서 다형의 기독교의 사랑과 구원의 갈구는 "눈물에 해당하는……" 애절한 몸부림이 구원을 갈구하고 있다. 그러나 같은 '가을'의 편력이면서 단순한 가을의 서정이나 감각을 노래한 것뿐인 것도 있다.

　　별은
　　이순하고

이삭들
　　바람에 익는다.
　　아침 저녁
　　살갗에 묻는,

　　요즈막의 향긋한 차거움······
　　사십은 아직도 온혈동물인데,

　　오늘은
　　먼— 하늘빛
　　넥타이 매어 볼까.

　　　　　　　　　　　　　—〈가을 넥타이〉

　이 평범한 듯한 〈가을 넥타이〉는 청신한 낭만성을 풍긴 것으로 오직 새로운 가치의 추구가 자연을 상대하여 맹렬히 움직이고 있는 시이다. 단순한 정서에서 우러나오는 미적 가치가 보인 작품인데 계절 감각은 냉혈동물처럼 예민하기만 하다. 특히 가을을 소재한 시편들이 더욱 그런 경향을 보인다.
　이런 일련의 초기 작품은 한결같이 기독교 정신의 바탕 위에 고행과 가치 본질의 탐구에 있다 하겠으며, 그 후 1957년 이전의 작품인 일부에서는 감각과 지성, 자연 편력의 사상성의 본질은 반려자의 만남으로 뚜렷한 사상적 경향을 엿볼 수 있다.

　　꿈을 아느냐 네게 물으면
　　푸라타나스
　　너의 머리는 어느덧 파아란 하늘에
　　젖어 있다.

　　너는 사모할 줄을 모르나

푸라타나스,
너는 네게 있는 것으로 그늘을 늘인다.

먼 길에 올 제,
호올로 되어 외로울 제,

푸라타나스
너는 그 길을 나와 같이 걸었다.
이제 너의 뿌리 깊이
영혼을 불어 넣고 가도 좋으련만
푸라타나스
나는 너와 함께 신이 아니다.

수고론 우리의 길이 다하는 어느날
푸라타나스
너를 맞어줄 검은 흙이 먼—곳에
따로이 있느냐?
나는 오직 너를 지켜 네 이웃이
되고 싶을 뿐,
그곳은 아름다운 별과 나의 사랑하는
창이 열린 길이다.

—〈푸라타나스〉

　다형의 초기시 〈꿈〉이 다형 시의 시 세계를 엿보며 가치 세계를 모색하는 몸부림을 보인 작품이라면 〈푸라타나스〉는 가치 세계를 모색하는 동반자를 만나 '꿈'을 아느냐고 묻는다. 그러나 〈푸라타나스〉는 대답 대신 벌써 그의 머리를 파란 하늘에 두르고 있다. 이것은 다형의 지향성이 하늘임을 암시해 준다. 기독교의 가치관이 가지는 먼 미래보다 더 영원하고 더 시詩 자체의 본질에 투철하려는 의식적인 노력, 이전의 자연적이고자 하는 마음이 깃든 사람과 생명의 원리가 〈푸라타나스〉에서 살아 있다. 또

한 그 시 속에는 아름다운 질서와 환경의 순응케 하는 우주로서의 실재가 편만해 있다. 그 실재는 우주 속에 내재해 있으면서도 초월해 있는 자연 법칙, 생명과 사랑의 본질 등의 속성을 가졌다. 시인은 위 시에서 실제의 주제자이고 영원에 이르는 생명이신 하느님의 사랑과 빛, 그리고 참과 선에 대한 끊임없는 갈망과 찬탄과 경이와 호소와 감사와 법열과 기도를 위한 시로서 가치 탐구요 다형의 자세가 아닌가 한다.

다형시는 사물을 읊어보는 시가 아니고 건전한 지성으로 진리와 깊은 내용을 내포하고 있어, 즉 '푸라타나스'는 감정이 없어 아름다운 꿈을 사모할 줄 모르나 그는 그의 그늘을 늘이어 그도 아름다운 꿈을 사모하는 모습을 짓고 있는 것으로 바라본다.

다형의 정신적인 편력은 항상 새로운 사물을 만나면 진리와 만난다. 먼 정신적인 방황 길에 호올로 되어 돌아 올 때, '푸라타나스' 너만은 작가의 '고독'을 위로하며 길가에 서서 함께 걸어주었다. 다형은 '푸라타나스'에게 인간의 영혼을 넣어 주고 싶으나 자신은 능력 있는 신이 아니며, 나무와 나는 헤어져야 한다. 너의 아늑하고 기름진 흙의 땅이 있느냐고 묻지 않을 수 없는 따뜻한 마음, 그와 언제까지라도 오래 같이 있고 싶다. 다형은 사물이 애인이건 친구건 또는 이상이건, 하다못해 자기 자신의 고독이건, 자기를 이해하고 격려하고 도와주고, 알아주는 반려가 필요하다.

이 시는 '푸라타나스'의 모습과 그 풍치 있는 무늬는 우아한 귀족풍의 '푸라타나스'를 소재로 하여 다형의 '고독'한, 그러나 꿈을 가진 삶의 반려를 노래하고 있다. 이러한 정신적 반려에 빠져가는 고독의 경향은 〈가을〉의 시편들에 짙은 농도를 찾을 수 있다.

> 가을에는
> 기도하게 하소서……
> 낙엽들이 지는 때를 기다려 내게 주신 겸허한 모국어로 나를
> 채우소서
>
> 가을에는
> 사랑하게 하소서……
> 오직 한 사람을 택하게 하소서
> 가장 아름다운 열매를 위하여 이 비옥한 시간을 가꾸게 하소서
>
> 가을에는
> 호올로 있게 하소서……
> 나의 영혼
> 구비치는 바다와
> 白合의 골짜기를 지나
> 마른 나뭇가지 위에 다다른 까마귀같이.
> —〈가을의 祈禱〉

　이 시에서는 '사랑'을, 깊은 생의 가치를 추구한 흔적이 보인다. 다형은 생의 깊은 곳에 잠재하여 있는 전인격적 가치의 추구로써 시정신의 이상을 삼고 있는 것이다. 이러한 이상이 이루어지는 계절, 비옥한 시간을 홀로 있게 되기를 갈구하고 있다. 마른 나뭇가지 위에 앉은 까마귀와 같이.

　그러나 같은 '계절'의 시라도 〈오월의 歡喜〉에서 보면 〈가을〉의 시편에서 한결같이 보인 '고독'을 느끼게 하고 죽음에 대한 유혹을 느끼게 한다. 이러한 '가을'의 생리를 추구하고 자연이 주는 '고독'과 다형 내부의 인간적인 고독이 가을의 시편들에 보인 것이다.

　아마 이런 정신적 편력은 다형의 기질에 속한지도 모른다. 외계 동반자로부터 오는 상상력 내의 고독과 자신의 정신적인 추구 즉,

기독교적인 구원의 철저한 '고독' 사이에 헤맨 '고독'이 '가을'의 계절 감각에서 더욱 융합될 것 아닌가 한다.
  그러나 다형의 계절 감각은 '가을' 뿐 아니고 사계를 다 함께 개성 있게 변화를 달리하며 고독이 들어있다.

    그늘 밝음을 너는 이렇게도 말하는구나,
    나도 기쁠 때는 눈물에 젖는다.

    그늘,
    밝음에 너는 옷을 입혔고나
    우리도 일일이 형상을 들어
    때로는 진리를 이야기 한다.

    이 밝음 이 빛은,
    채울 대로 가득히 채우고도 오히려 남음이 있고나
    그늘— 너에게서……

    내 아버지의 집
    풍성한 대지의 원탁마다,
    그늘
    오월의 새술들 가득 부어라

    이깔나무— 네 이름아래
    나의 고단한 꿈을 한때나마 쉬어 가리니……
                         —〈오월의 환희〉

  얼른 읽기에 오월의 밝음과 안식을 노래한 듯 하지만 이 시의 경우 마음을 이끌어 온 기본적인 추진력은 내면에 사는 숙명적인 '고독'이다. 이 '고독'은 창조주의 섭리에다 생의 근원을 두는 밝은 세계관이 스며있어 끊임없이 그늘은 밝음을 가리우는 것이 아니라, 오히려 밝음을 드러내는 것이며, 마치 기쁠 때 흘리는 눈물처럼 오히려 웃음보다 더 값진 기쁨을 주는 형상이다. 밝음과 빛은 그늘에 가득히 차고도 오히려 남음이 있는 독 속의 물처럼 넘친다. 넘친 이 내면의 고독은 "내 아버지의 집/ 풍성한 대지의 원탁마다/ 그늘/ 오월의 새술들 가득 부어라"고 그늘을 두고 표현한다. 그리고 고단한 삶의 여정을 1, 2연에서 그늘을 통하여 밝음을 드러내는 밝은 생명의 환희가 내면에 있어 밝은 고독은 그늘과 같다. 이러한 파라독스는 근본적인 생명감이 아니겠는가. 진·선·미가 있는 것, 그것 때문에 생명을 느끼게 하는 근원적인 사실에 있어 능히 하나로 얻는 참다운 가치가 있다고 보아진다. 참다운 가치는 생명이 되고자 한다. 다형은 이런 내면이 항상 있다.

        더러는
        옥토에 떨어지는 작은 생명이고저……
        흠도 티도
        금가지 않은
        나의 전체는 오직 이것 뿐!

        더욱 값진 것으로
        드리라 하올제
        나의 가장 나아종 지닌 것도 오직 이뿐.

        아름다운 나무의 꽃이 시듦을 보시고
        열매를 맺게 하신 당신은
        나의 웃음을 만드신 후에
        새로이 나의 눈물을 저어 주시다.
                                    ─〈눈물〉

다형 시의 기저에는 생명이 있어 이 생명의 움직임에 따라서 참다운 가치, 밝은 세계가 전개된다. 여기 〈눈물〉은 인생의 깊은 내면에 뿌리박은 참된 생명으로 생각하고 있다. 이 생명을 추구한 이 시는 다형을 이끌어 온 정신이며 전 생애의 삶과 시의 뚜렷한 단계를 이룩하면서 꾸준한 승화의 궤적을 그어 마음이며 힘이며 맑고 깨끗한 생명이 되고 있다. 다형은 사회의 죄악과 불결과 불순에 젖어 살지만 그러한 삶의 한 부분만이라고 옥토에 떨어지는 씨앗과 같이 밝고 깨끗한 생명이 되고자 한다.

다형의 의식 내면에 사는 맑고 깨끗한 생명이 있다면 그것은 오직 참회하는 '눈물'뿐이다. 이 '눈물'만이 오로지 밝고 깨끗한 다형의 전체임을 알 수 있다. 그러나 창조주에게 바칠 수 있는 가장 깨끗하고 순수한 가치는 눈물 이외에 없으며, 끝까지 바칠 수 있는 것은 오직 눈물뿐임을 노래하고 있다. 이 참회하는 양심의 눈물은 목사의 아들인 다형에게는 전통적인 듯싶다.

독실한 기독교 가정에서 자라온 이러한 가치관 속에서 아름다운 웃음보다는 변함없는 '눈물'을 생애의 가장 값진 생명으로 삼게 된 것이다. 이런 연유 때문에 이 '눈물'은 심화된 생명의 순결성을 부각시킨 다형의 내면세계의 자화상이 아닐는지, 하여튼 이런 내향적 가치를 암시하는 시구를 첫 시집 속에서 찾는다면 얼마든지 발견하게 된다.

꿈을 아느냐 네게 물으면,
푸라타나스
너의 머리는 어느듯 파아란 하늘에
젖어 있다

―〈푸라타나스〉

내 아버지의 집
풍성한 대지의 원탁마다
그늘
오월의 새술들 가득 부어라
—〈오월의 환희〉

내가 가난할 때
내가 육신일때
은밀한 곳에 풍성한 생명을 기르시려고
적은 꽃씨 한 알을 두루 찾아
나의 마음 저 보랏빛 노을 속에 고이
묻으시는
—〈내가 가난할 때〉

초라한 땅에서 사는 것보다
우리가 죽은 뒤에
얼마나 아름다운 들가의 꽃잎들이
꿈이 되어 우리 섰던 자리에
피어 나겠느냐
—〈인생송가〉

가을에는
사랑하게 하소서……
오직 한 사람을 택하게 하소서.
가장 아름다운 열매를 위하여 이 비옥한
시간을 가꾸게 하소서.
—〈가을의 기도〉

나의 육체는 이미 저물었나이다—
사라지는 먼뎃 종소리를 듣게 하소서
마지막 남은 빛을 공중에 흩으시고
어둠속에 나의 귀를 눈뜨게 하소서.
—〈내 마음은 마른 나뭇가지〉

저바린 꿈들의 포장지, 지는 낙엽들을
모아 지금은 나의 옛집을 바를 때……

—〈가을의 입상〉

맑은 눈은 우리들
내일을 기다리는
빛나는 마음이게…….

—〈창〉

어제 그 시간을
정한 눈물로 닦어두자,
내게는 이제 다른 보석은
빛나지 않으려니……

—〈어제〉

내일은 언제나 내게는 축제의 날,
꽃이 없으면 웃음을 들고 가드래도……

—〈내일〉

넓이와 높이보다
내게 깊이를 주소서
나의 눈물에 해당하는……

—〈가을의 시〉

어둠 속에
어둠 속에
보석들의 광채를 기리 담아 두시는
밤과 같은 당신은, 오오, 누구이오니까?

—〈離別에게〉

내 꿈은 나의 영원한 깃발
나의 영원한 꿈!

—〈꿈〉

이러한 내면성, 끊임없이 생애의 가장 값진 생명성을 지닌 심화된 순결성은 기독교의 정신과 밀접한 관계를 맺고 있다.

3.

이상과 같이 첫시집 『김현승시초』 속의 해석적 상상력을 부연하면 다형의 문학사상은 시작품 속에 단편적으로 나타나지만 본질적으로 기독교 정신의 사상 체계를 바탕으로 하고 있다. 다형의 『나의 문학자서』[10])에서도 보면 "나는 인간의 삶 자체를 자연의 유로라고는 생각지 않는다. 그것은 오히려 비평이라고 생각한다. 나는 자연을 있는대로 받아들이지 않고, 자연에다 어떤 주관적인 해석을 가하고, 주관에 의하여 변형시키기를 요구한다. 이런 점에서 나는 동양적이 아니고 나는 서구적이다. 그리고 그것은 곧 기독교적이다. 그리고 그것은 성선설에 입각한 생활이 아니고 원죄설에 뿌리박은 생활임을 나 자신이 언제나 인식하고 있다"[11])라고 피력하고 있듯이, 다형시도 원죄설에 뿌리박은 표현이 바탕을 이루고 있다.

다형의 생활이 "기독교 신교의 목사의 아들로 출생하여서부터 천국과 지옥이 있음을 배웠고 현세보다 내세가 더 소중함을 배웠고, 신이 언제나 인간의 행동을 내려다보고— 인간은 그 감시 아래서 언제나 신앙과 양심과 도덕을 지켜야 한다고 꾸준한 가정교육을 받았다. '나'라는 인간의 본질은 아마도 비교적 단순하고 고지식한 데가 있는 것 같다. 나는 나이가 먹은 뒤에도 이 신앙과

---

10) 김현승, 『나의 문학백서』. 월간문학, 70. 9월호, p. 186.
11) 김현승, 『ibid』(주10) p. 187.

양심과 도덕을 곧이곧대로 믿고 지키려고 노력하여 왔다. 그 중에서도 양심의 명령에 쫓는 행동을 나는 가장 값있고 소중한 것으로 알고 있다."12)고 고백하고 있듯이 다형의 생의 최고 이념은 기독을 가장 존경하고 모범으로 삼는다. 그러기 때문에 다형은 그만큼 양심을 소중히 여긴 생활이었기에 생의 참 가치와 보람은 기독에 있다고 생각한 확고한 바탕을 이루고 있는 다형에게는 정신의 정직한 표현인 첫 시집 속에는 짙은 기독교 정신을 이끌고 있다.

생의 가치 추구의 세계와 순수 세계의 음영을 보인 시세계를 지니고, 시에 나타난 창작적 경향은, 시를 통해 인간 의식을 엿볼 수 있었다. 가령 '꿈'에서 가치모색하는 몸부림을 보인 것은 다형 시의 시세계를 설정했으며 '내(자아)'가 주가 되어 있는 내부 의식 구조는 '비인 것'의 실체인 '고독의 의지'가 시의 제재로 끊임없이 일어나고 있었으며 의식이 항상 언어와 함께 다니고 있어, 이것이 다형의 생활관, 세계관, 미학관을 형성하고 있었으며 이것은 사물의 순수본질을 파악하려 든다.

또 '창'의 내부 의식은 다형에게 있어서는 '마음의 창'을 추구, 깊은 시대의식까지 부각시킨다. 이러한 경향은 기독교 정신이 본능처럼 몸에 배어 항상 추구하고 있는 시 세계다.

한편 순수 세계의 감각은 구체적인 시각성이다. 공감각의 이미지가 나타난 것은, 대상인 자연인 객관적 현상을 항상 주관적인 '내(자아)'의 심상으로 이끈다. 〈바다의 육체〉, 〈가을의 소묘〉 등은 다형의 심상에 감동과 서정을 새로운 감각으로 대비시켜 가치질서를 재구성하려는 태도를 보인 경향이다.

---

12) 김현승, 『ibid』(주10) p. 187.

한편 다형의 시작 태도가 서구 발레리나, T.S. 엘리엇에서 연원된 것과 같다. 그러나 초기 작품 내용에는 기독교의 사랑과 구원의 갈구가 있어 사상성은 전통적인 듯, 특히 가을의 시들이 그렇다. 그러나 같은 가을이면서 단순한 서정이나 감각을 노래한 것도 있다. 〈가을 넥타이〉 등은 청신한 낭만성을 풍긴 정서에서 미적 가치를 보이며, 계절감이 예민하다. 특히 가을을 소재로 한 시편들이 더욱 그렇다.

이런 일련의 초기 작품은 한결같이 기독교 정신의 바탕 위에 고행과 가치 본질의 탐구에 있다.

그 후 1957년 이전의 작품인 일부에서는 다형의 감각과 지성 자연 편력의 사상성의 본질은 반려자의 만남으로 뚜렷한 사상적 경향을 보인다. 다형의 초기작 〈꿈〉이 다형의 시 세계를 엿보인 가치 세계 모색의 몸부림이라면 〈푸라타나스〉는 가치 세계를 모색하는 동반자를 만나 '꿈'을 아느냐고 묻는다. 동반자 〈푸라타나스〉가 머리를 파란 하늘에 두르고 있다. 이것은 다형의 지향성을 암시한 자세가 아닌가 한다.

건전한 지성으로 진리와 깊은 내밀을 내포하고 있는 일들은 다형의 정신적 편력은 항상 새로운 사물을 만나면 진리와 만나는 성정은 정신적 반려에 빠져가는 '고독'의 사상적 경향은 가을의 시편들에 깊은 음영을 드리우고 있다. 〈가을의 기도〉, 〈오월의 환희〉 등 다 고독이 보인다. 고독이 들어 있다. 이러한 파라독스는 근본적인 생명감이 아니겠는가.

'눈물' 역시 생명 추구의 대표작으로서 다형 시의 기저를 이루고 다형을 이끌어 온 정신이며 전 생애의 삶과 신의 뚜렷한 단계를 이룩하면서 승화의 궤적을 그어온 마음이다. 다형의 의식 내부에 맑고 깨끗한 생명이 있다. 바로 참회하는 '눈물'이다. 참회하는 양심의 눈물, 눈물은 내부 세계의 자화상이다.

이런 내면적인 가치를 암시하는 시구를 첫 시집 속에서 얼마든지 발견한다. 〈푸라타나스〉, 〈오월의 환희〉, 〈내가 가난할 때〉, 〈인생송가〉, 〈가을의 기도〉, 〈내마음은 마른 나뭇가지〉, 〈가을의 입상〉, 〈창〉, 〈어제〉, 〈내일〉, 〈가을의 시〉, 〈이별에게〉, 〈꿈〉 등등 이런 일련의 경향이 상호 표리관계에 있으며 표현기법 또한 내용이 변해서 형식을 이루는 차이점을 발견하게 된다. 아마도 다형에게 있어 표현의 기법은 심적 현상이 사물의 유사점에 있느냐, 상상이점에 까지 작용하고 있느냐에 따라 달라지고 변화하는 것이 아니라 자기 심적 생활을 정직하게 표현하여, 타인의 심적 생활을 감화시키고 있다. 즉 지적이며 정의적인 기능으로 언어 표현의 생동성 암시성 명석성을 환기시키고 있다. 이유는 시어의 논리성보다 정의에 기울어진 면이 강하며 이 정의적인 경향은 다분히 은유적이다. 시어의 '드라이'는 숙명적인 정직성이 숙명적으로 의미의 다양성을 면치 못하게 한 것 같다. 그래서 감각과 이 지성과의 결합에 의해서 비약적인 지성의 활약으로 고도의 정서를 가져온 것 같다.

4. 김현승 시인의 고향

다형의 고향 광주

다형 김현승 시인의 고향 광주는 시인의 고향이다. 또 남도 시인의 산실이다. 남도의 고유 향토문화 속에서 영글어 온 문화적 긍지를 간직해 오면서 남도의 웅도 광주는 역사적으로 중앙정부가 있는 위치와 원격성과 그 영향을 입고 항상 상대적으로 변두리적인 위치를 면치 못하였다. 그래서 남도문화의 일부를 유배지 문화라는 표현도 있지만, 남도 문화는 타지방에서 찾아볼 수 없는 특수한 문화권을 형성하고 있다. 비록 조선시대 700여 명의 유배자 중에서 129명이 남도에서 외로운 나날을 보내긴 했지만, 그들은 시·서·화에 집중하면서 지낸 환경이 있었으므로 그 영향의 문화라는 단견은 수긍하기 어렵다. 왜냐하면 영향을 준 몇 사람의 학자·시인·예술가가 있으나, 남도 사람들은 선천적으로 감정이 풍부하고 섬세하며 예술에 뛰어난 재능이 있다고 보아야 한다.

남도 광주의 지형은 무등산이 덕과 여유를 포옹한 채 중앙에 우뚝 솟아있고 그 북쪽과 서쪽으로는 영산강이 흐르며, 멀리 동쪽에 삼진강이 남쪽에 보성강이 흐르고 있다.

남도 광주의 상징인 무등산은 남도문화의 무대이다, 이 무대에 사는 주민의 성격은 낙천적이고 쾌활하여 감정이 섬세하고 풍부하며 인정이 많다. 이러한 성격 형성에 영향을 준 것은 풍토적 환경과 문화와 예술이라고 생각된다. 그래서 기후가 온난하고 토양이 비옥하며 농산물이 풍부한 남도 지방에서 서사시 보다는 서정시가 발달하였다.

남도의 무용도 손놀림이 섬세하고 정중동의 유연성이 특징이며, 구성진 가락과 구수한 아니리를 섞어가면서 뱃속에서 울려 나오는 한으로 토하는 남도의 판소리는 구성지고 감칠맛이 있고, 멋들어지게 꺾어 넘어간다. 또 남도의 민요 등의 기타 예술은 많은 세월 동안에 남도만의 풍토적 역사가 혼합되어 형성되어 있다.

이러한 환경은 예로부터 광주를 중심으로 한 시가문학의 산실로서 오랜 전통을 계승 발전시켜 왔다고 본다. 〈방등산가〉나 〈무등산가〉 등이 있었다는 기록이 있고 윤선도가 〈오우가〉, 〈산중

신곡〉, 〈어부사시가〉를 지어 단가의 으뜸되는 고장의 풍토이고, 〈상춘곡〉을 지어 가사문학을 발전시킨 정극인, 판소리를 정리하여 '평민문학'을 대성시킨 신재효, 〈성산별곡〉, 〈사미인곡〉, 〈관동별곡〉 등을 지어 가사문학의 태두가 된 정철이 이 고장에서 문필 생활을 했다는 것으로 짐작케 했다.

이러한 문학유산이 있어 왔으며 문학전통의 계승이 꾸준히 지금까지 이어져 내려왔다. 김영랑, 박용철 등 시문학파 시인이 나왔고, 잠시라 하겠지만 이은상(호남신문사 사장) 서정주 시인이 머물렀고, 다형 김현승 시인이 이 고장의 대표적인 시인으로 많은 영향을 주었다. 특히 50년대 초 김현승 시인이 주간한 『신문학』과 시동인지 『영도』 동인 등이 활발하게 작품 활동을 하고 모두 문단에 데뷔된 일이며 『조대문학회』와 전남대학교의 『용봉문학회』 회원 등도 다형의 지도로 문단 데뷔가 활발했다. 확실히 다형의 고향 광주는 30년대의 영랑과 용아를 계승하고 다형의 영향을 빌어 지금도 광주는 시인의 마을이다.

다형의 시와 고향

필자가 외국 유학중에 있을 때 선생님께서 돌아가셨기 때문에, 다시금 더욱 선생님의 경해에 접한 감회가 깊다.

오늘날 고향을 상실하고 있다는 것은 자아를 해체 당했다는 뜻과 통할는지 모른다. 따라서 인간이 잃어버린 자아를 찾는 길은 고향으로 가는 길 밖에 없다고 시인 '노빌리스'는 말했듯이, 다형 김현승 시인은 어쩌면 영원히 고향을 헤매는 나그네인지도 모른다.

다형은 1913년 평양에서 태어나 광주에서 성장했다. 1919년 칠세 때 부친을 따라 목회지인 광주 양림동으로 이주해 온 김현승 시인은 평양 숭실중학교와 숭실전문대학교 재학할 때를 제외하고는 정주하여 결혼을 해서 일가를 이루고 살다, 1960년 숭실대학교 부교수로 취임한 후 1965년 가족을 동반하여 서울로 이사를 했다. 그곳에서 살면서도 자기가 성장한 광주 고향을 그리며 살았기 때문에 시인은 영원히 고향을 찾아 헤매는 나그네 되어 간절히 고향 그리는 갈증이 고독으로 응축되었는지 모른다.

다형이 처음 고향을 떠나 평양에서 숭실중학교와 숭실전문학교를 다닐 때 고향에 대한 그리움은 처음 시를 쓰게 된 동기인지도 모른다.

1933년 그는 공부하던 평양에서 2주 남짓한 겨울방학 때 귀향을 단념하고 학교 기숙사에 머물면서 고향을 그리워한 기록으로 당시의 다형의 마음을 다음 글에서 만날 수 있다.

> 나의 고향인 남쪽 땅 광주까지 가려면 기차로도 서울을 거쳐 이틀이 걸리므로 그냥 평양에 머무르기도 하고 텅텅 빈 기숙사 4층 건물 내 방 속에 처박혀, 가장 호젓하고 가장 외롭게……(생략)

때로는 자정이 넘어 인적이 드물 때까지 함박눈과 커피에 취하여 센티멘탈하게 걷다가 문득 깨어난 듯 기숙사에 돌아와 침대에 벌렁 눕는다. 이렇게 어둠 속에서 호올로 누워 눈을 깜박이고 있으면 시인이 고향이라 여기는 광주 집에 모여있는 가족들의 얼굴이 떠오르다가는 으레 바로 작년에 사이를 끊어버린 그녀의 얼굴이 떠올라 그 많은 얼굴들을 지워버리는 것이었다. 가장 호젓하고 가장 외롭게 보내면서 나의 시, 그 2편의 시를 주무르면서 오붓한 나날을 보내고 맞았다고 술회하고 있다.(〈나의 시 변모의 과정〉)

이러한 나날 끝에 두 편의 시가 이루어지고 시는 그 뒤 숭실전문 교지에 투고했으나 시가 당시 문과 교수였던 양주동 교수의 소개로 드디어 1934년 《동아일보》에 70여 행이나 되는 장시가 연이어 대문짝만하게 게재되었다는 내력을 적고 있다.

진실한 기독교 가정에서 자라나 순수한 문학청년이었던 다형의 천작인 〈쓸쓸한 겨울 저녁이 올 때 당신들은〉, 〈어린 새벽은 우리를 찾아온다〉에는 혈기 방장한 표현들이 있다.

다형의 시는 20대의 청순한 기질과 순수한 민족적 정기를 표현하는데 자연미는 가장 알맞은 소재로 취급되고 있었으며, 거기에 기지와 풍자, 유머같은 것이 직조하고 있었다. 그러나 졸업을 목전에 두고 제2의 고향인 평양을 떠나와 모교인 광주 숭일학교에서 교편을 잡았다. 이렇게 고향을 왕래하였다. 어쩌면 다형의 육체가 성장한 곳은 광주였고 정신이 성장한 곳은 평양이었을지 모르나 고향을 찾아 안주하지 못한 채, 방황하는 갈증뿐이었다.

일제의 신사참배로 인해 숭실전문을 3년까지만 마치고 졸업을 1년 남긴 채 평양을 떠나와 광주의 모교 숭일학교에서 교편을 잡고, 잃어버린 자아회복을 위해서 내면의 세계에 눈길을 돌릴 수밖에 없었다. 인간의 내면적인 자아에 관심을 가졌음이 다형의 시 〈눈물〉에서 엿보인다.

  더러는
  옥토에 떨어지는 작은 생명이고저……
  흠도 티도
  금가지 않은
  나의 전체는 오직 이것 뿐!

더욱 값진 것으로
드리라 하올 제
나의 가장 나중 지닌 것도 오직 이뿐.

아름다운 나무의 꽃이 시듦을 보시고
열매를 맺게 하신 당신은
나의 웃음을 만드신 후에
새로이 나의 눈물을 저어 주시다.

　이 시는 다형이 아끼던 나이어린 아들을 잃고 애통해 하던 중, 다형의 가슴의 상처를 믿음으로 달래려고 하였고 그러한 심정으로 이루어진 시다. 인간이 신 앞에 드릴 것이 있다면 그것은 변하기 쉬운 웃음이 아니라 이 지상에서 오직 썩지 않은 것, 신 앞에서 흘리는 눈물 뿐이라고 그 주제를 밝히고 있다. 이러한 기질의 다형 시의 본질이라고 생각된다. 즉, 그의 다소곳한 겸허, 쓸쓸한 사랑, 반성의 기도와 같은 것이 다형 시의 기질적인 본질이다.
　60년대 후반 고향 광주에서 서울 수색으로 옮기고 나서 '고독'에 대하여 관심을 기울였다, 이는 다형의 기질적인 관심이다,
　인생관적으로 천국의 기독교를 믿으면서, 인간적인 고독에 관심을 갖는 것은 확실한 모순이다, 그러나 이 모순을 알면서도 시는 사상보다 먼저 기질의 소산이라는 것도 알고 있다. 그러므로 다형의 '고독'은 절망적인 고독이 아니다.
　〈고독의 끝〉, 〈절대 고독〉에서 다형은 한 가지 고독을 추구한다. '그는 생활을 개척하지 못하는 자는 시도 개척하지 못할 곳이다'라고 말함과 같이 거의 못을 박는 듯한 삶에서 시를 썼으리라 생각된다. 1937년 민족적 상황이 달라진 때에 김현승 시인은 30년대의 민족적 센티멘탈리즘과 불순한 현실 치중의 기질도 싫어

서 지금까지 등한시 했던 인간 내면의 세계로 관심을 돌렸다고 보아진다.

　다형은 자연으로부터 인간으로, 외계로부터 내면의 세계로 관심을 돌렸는데 기독교적인 기질이 드러난 〈눈물〉은 이런 시기에 얻어진다.

　그리고 그는 '가을'에 관한 시를 많이 썼다. 인구에 회자되는 〈가을의 기도〉 등 많은 시가 고향 광주의 무등산 산그늘에서 쓴 작품으로 고향 광주를 시인들이 자라던 나의 고향으로 노래하고 있다.

　　　산줄기에 올라 바라보면
　　　언제나 꽃처럼 피어있는 나의 도시
　　　지난 날 자유를 위하여
　　　공중에 꽂힌 칼날처럼 강하게 싸우던
　　　그곳에선 무덤들의 푸른 잔디로
　　　형제의 이름으로 다스웠던……(생략)
　　　그 넓은 주변들, 상아의 음향들,
　　　산줄기 올라 바라보면
　　　언제나 꽃처럼 피어있는 나의 고향
　　　길들은 치마끈인양 풀어져

　　　낯익은 주점과 책사와 이발소와
　　　잔잔한 시냇물과 푸른 가로수들은
　　　가까운 이웃을 손잡게 하여주는……

　　　그리고 아침 저녁에
　　　공동으로 듣는 기적소리는
　　　멀고 먼 곳을 나의 꿈과 타고난 슬픔을 끌고 가는……

　　　아아, 시름에 잠길 땐 이 산줄기에 올라
　　　노래를 부르고 늙으면 돌아와 기억의

안경으로 멀리 바라볼
사랑하는 나의 도시 —시인들이 자라던 나의 고향이여!
—〈산줄기에 올라—K도시에 바치는 노래〉

산책길

다형은 광주시가에서 가까이 보이는 혹은 멀리 보이는 무등산을 양림동에서 원경으로 바라보면서 보기 드문 명산 무등의 설경과 가을의 갈대 숲, 여름의 푸른 등성이, 봄의 뽀얀 입김같은 움틈을 지켜 보면서 시심을 폈다. 호올로 수피아 동산에 올라 고독하게 앉아 있었다.

무등산의 사계 속에서 더욱 돋보이는 3대 석경의 하나인 입석대, 장불재, 서석대를 거쳐 1,187m의 무등산 정상인 천왕봉을 오르고 늘 평퍼짐한 정상을 바라보다가 규봉암을 휘돌아가면서 멀리 독수정과 소쇄원, 취가정, 환벽당, 식영정 등의 문화유적을 산책했다. 특히 자미탄 여울물을 넘겨 보시던 산책길.

지금은 담양 남면 지실 성산 식영정에서 부는 솔바람 맞으며 흔들리는 자미탄은 충효동의 광주호로 이름이 바뀌고, 시민의 휴식처가 되었지만 물 속에 잠긴 식영정 정자 밑, 자미탄과 노자암을 바라보던 그 사슴같이 선한 눈을 필자는 잊을 수가 없다. 겨울 무등산을 보기 위해 식영정을 찾은 적도 있으셨다. 무등산을 사방에서 바라보며 각기 맛이 다르다는 것을 자주 말없이 느껴지도록 무등산 향방을 살피시던 때 선생님의 생각나는 걸음걸이를 생각하며 걷는다. 또 다형께서 찾는 곳이 양림교회 뜰이었다. 그 곳에서 히말라야 삼나무를 끌어안고 또 끌어안고 자꾸 보듬아 끌어안는다, 아무 뜻없이 끌어안는 게 아니다.

목사이신 부친 김창국씨는 광주의 남문교회(현 광주제일교회)

에서 다년간 목회를 하시다가 광주양림교회를 직접 세우시고 (1907년) 그 후 교회에서 일생을 보내셨다. 이리하여 더욱 다형은 부친께서 심은 히말라야 삼나무를 끌어안고 부친의 체온을 느끼는 일이었다. 경건했던 종교적인 분위기는 다형 시인이 일생 동안 추구해온 인간과 종교의 영원한 신비에 대해 영혼의 산책을 하던 때로 생각된다.

말하자면 아버지의 사상, 사랑을 관념까지 요약하는 행위로 생각된다. 아마도 그때 〈양심의 금속성〉의 시가 쓰여지지 않았나 한다. 아버지의 사상 그 보이지 않는 정신적인 것을 안아보는 비교 같은 것, 그 형태 같은 것을 껴안아 보며 그것이 다형의 삶에 어떤 기능과 기쁨을 주었는가를 여러 가지 관점에서 생각해 볼 수 있다. 크리스찬이었던 다형이 즐겨 껴안은 교회의 삼나무의 형태, 그 기능이 그늘 밝음을 말해 주었는지 모른다.

다형은 꿈과 사랑과 비밀을 찌른 나무 살에 박힌 파편처럼 부서지지 않는 단단한 성질을 가진 사물에서 양심의 가책을 말하고 있었는지 모른다. 그래서 다형은 항상 외롭고 반성과 회한의 눈물을 흘리는 일을 즐겨 추구하는 몸짓을 했는지 모른다. 그러면서 다형은 대학으로 가는 길, 교외의 신작로를 걷지 않고 우정 논밭길을 헤치든지 철로를 걸어, 무등산 줄기를 따라 학교를 향하여 올라가는 습관이 있었는데, 그 주변의 플라타너스는 늘 함께 그 길을 같이 걸었다.

    꿈을 아느냐 네게 물으면
    푸라타나스
    너의 머리는 어느덧 파아란 하늘에 젖어 있다.

너는 사모할 줄을 모르나
푸라타나스,
너는 네게 있는 것으로 그늘을 늘인다.

먼 길에 올 제,
호올로 되어 외로울 제,
푸라타나스
너는 그 길을 나와 같이 걸었다.

― 〈플라타너스〉 중에서

 오후 퇴근길에 다형은 '쎄븐'이나 '나하나' 다방에 자주 들렀다. 석양빛이 창 틈으로 기어들기 시작한 때를 골라 조촐한 분위기의 한가함에 젖어 앉아 있던 다형, 말없이 사람도 보지 않고 탁상만 보고 생각에 젖곤 했다. '나하나'에 들려 맛보던 커피맛의 즐거움을 두고 다형은 광주를 떠나지 못한 절반 이상의 이유로 '나하나'의 커피맛을 들었다. 자주 들른 다형이 이들 다방에서 만난 친구는 시인의 초년병들. 명예와 지위와 황금과 외교를 생각할 줄 모르는 그들을 물끄러미 바라보았다. 그러나 그들이 지금은 한국문단의 각 분야에서 다형의 시정신을 받들고 맹활약을 하고 있다.

손광은 시인 · 문학박사. 『현대문학』 시 천료. 제1회 보성문학상 · 전남도문화상 · 광주문화예술상 · 한림문학상 수상. 광주문협회장 · 한국언어문학장 · 한국시문학회장 · 다형김현승시인기념사업회장 역임. 저서/시집 『철마는 달리고 싶다』 외 다수. 저서 『현대시의 공간적 지평』, 『현대시론』. 현/ 전남대 명예교수.

임원식

다형 김현승의 생애와 문학

1. 들어가는 말

다형 김현승은 우리나라 현대문학사에서 매우 중요한 위치를 차지하고 있는 큰 시인이다. 특히 우리나라의 기독교 문학에 큰 족적을 남긴 시인으로서 '숭실'과는 뗄레야 뗄 수 없는 깊은 관련을 가지고 있다. 2013년은 시인의 탄생 100주년을 기념하는 행사가 숭실대학교와 광주에서 대대적으로 개최되었다. 숭실대학교에서는 2013년 10월 10일 "다형 김현승 시인 탄생 100주년 기념식"을 갖고 시인의 문학적 업적을 기렸고, 이에 앞서 9월 28일에는 광주에서 "다형김현승시인기념사업회" 주최로 "다형 탄생 100주년 기념 문학대전"이 열렸다. 이날 행사는 비교적 다양했다. 오전 11시 광주 남구 양림동 그가 생전에 시상을 가다듬으며 오르내리던 거리에 그의 대표시 〈절대 고독〉이 새겨진 얼굴상 표지석을 세우고 제막식을 열었다. 문학대전은 기념식, 다형 김현승 일대기 영상 상영, 대표시 낭송, 학술토론회 등으로 짜였다. 학술토론회에는 곽정수 서울대 명예교수가 '김현승의 고독'을 주제로 발제하고, 김인섭 숭실대 교수가 '김현승의 삶과 문학'을, 이

은규 박사가 '김현승 시의 현재성'에 대해 발표했다. 그리고 문순태 작가는 '플라타너스처럼 외로워 보였다'를 주제로 그의 문학과 삶을 회고했다.

이처럼 다형을 기리고 현창하는 데에는 그 동안 그의 시업에 대한 연구와 평가들이 큰 가치를 부여했기 때문일 것이다. 그 동안 이루어진 다형의 시에 대한 연구는 크게 세 가지 유형으로 정리할 수 있다. 시정신과 시의식에 관련된 연구, 기독교 신앙의 관점에서의 연구, 형식적 특질과 스타일에 관한 연구가 그것이다. 다형의 시에 대한 평가는 짧은 비평에서부터 일반논문, 석사학위 논문, 박사학위 논문에 이르기까지 매우 다양하게 이루어졌으며 그 분량도 지대하다. 특히 그의 문학을 기독교 신앙의 관점에서 바라보는 연구는 괄목할만하다고 판단된다.

다형의 시 세계는 크게 4기로 나누어 볼 수 있다. 제1기는 모더니즘 풍조의 영향을 받으면서 당시의 암울한 시대상을 형상화한 해방 이전의 작품 세계를 말한다. 제2기는 해방 이후부터 첫 시집 『김현승시초』(1957)를 거쳐 시집 『옹호자의 노래』(1963)를 내 놓은 때까지이다. 이 시기에는 생활인으로서의 인간적 고뇌가 그의 시적 주제였다고 할 수 있다. 제3기는 시집 『견고한 고독』(1968)과 『절대고독』(1970)에 나타난 '고독'이라는 명제를 두고 인간과 신 사이에서 갈등하는 모습을 드러낸 시기이다. 제4기는 1973년 고혈압으로 쓰러진 이후부터 작고할 때까지이다. 그는 이 시기에 인간의 한계를 인식하고 신에 귀의하여 참회와 감사의 시를 썼다.

따라서 이 글은 그의 문학이 그의 삶과 밀접한 관계가 있기 때문에 그의 생애를 살펴보고 그의 문학의 특질을 간단히 소개함으로써 다형의 삶과 문학을 기리고자 한다.

2. 탄생과 문단 등단

다형 김현승은 1913년 4월 4일[1] 평양에서 부친 김창국(전북 익산 출신)과 모친 양응도(황해도 은율 출신)의 6남매 중 둘째로 태어났다. 아버지 분만 아니라 어머니도 원래 독실한 기독교 신자였기 때문에 그는 모태신앙일 수밖에 없었다. 그가 평양에서 태어나게 된 것은 당시 아버지가 평양신학교에 유학하여 신학을 공부하고 있었기 때문이다. 출생 직후 부친의 첫 목회지인 제주로 이주하여 6세까지 거기에서 성장한다. 7세가 되던 해인 1919년 4월 부친의 교역 전근을 따라 광주로 이주하여 숭일학교 초등과에 입학한다. 이 학교를 졸업한 후 1927년 4월에 당시 형(김현정)이 유학하고 있던 평양의 숭실중학에 진학했다. 이때부터 평양 유학 생활이 시작된다. 이어서 숭실전문학교 문과 3년을 수료하고 1936년 3월 광주로 귀향할 때까지 약 9년간의 재학 기간 중 1년은 위장병으로 휴학하여 광주에서 요양하였으니 8년을 평양에서 공부한 셈이다.[2] 1938년 4월 4학년에 복교하기 위해 평양으로 갔으나 그 해 3월 31일 신사참배 문제로 일제에 의해 학교가 폐쇄되어 학업을 잇지 못하고 돌아와야만 했다. 이처럼 그는 기독교 신앙 안에서 태어났고 기독교 학교에서 공부했으며 평생을 모범적인 신앙인으로 살았다.

나는 기독교 신교 목사의 집안에서 태어나 어려서부터 천국과

---

[1] 김현승의 출생 월일에 대해서 2월 28일이라고 기록한 자료들이 많다. 이는 음력 날짜이기 때문에 오류는 아니나 '음력'이라고 밝히는 것이 옳다.
[2] 김현승은 평양에서 태어났고 후에 그곳에서 8년 동안 공부하였지만 평양을 고향이라 여기지 않고 '제2의 고향'이라고 했다. 그는 많은 글에서 '나의 고향 광주'라고 표현하곤 했다.

지옥이 있음을 배웠고, 현세보다 내세가 더 소중함을 배웠다. 신이 언제나 인간의 행동을 내려다보고 인간은 그 감시 아래서 언제나 신앙과 양심과 도덕을 지켜야 한다고 꾸준한 가정 교육을 받았다. 나라는 인간의 본질은 아마도 비교적 단순하고 고직한 데가 있는 것 같다. 나는 나이가 먹은 뒤에도 이 신앙과 양심과 도덕을 곧이곧대로 믿고 지키려고 노력하여 왔다.[3]

이상의 술회에서 보듯이 기독교 신앙을 바탕으로 한 '양심'과 '도덕'이 그의 삶 전체를 관통하였고, 그의 문학도 이 테두리 안에서 이루어졌음을 알 수 있다.

그가 우리 문단에서 활동하기 시작한 것은 1934년 평양의 숭실전문학교 문과 2학년 재학 시절의 일이다. 1933년 위장병으로 인한 휴양을 마치고 복학을 한 다형은 중학 때부터 지녀 온 포부였던 시작에 전념하였다. 그 해 2주간의 겨울방학 동안 하향하지 않고 기숙사에 홀로 남아 밤낮을 가리지 않고 시작에 전념한 결과 2편의 작품을 완성했다. 이 작품 두 편은 당시 시인이며 이 학교 문과 교수였던 양주동의 추천으로 그 해 5월 25일자 《동아일보》 문예란에 〈쓸쓸한 겨울 저녁이 올 때 당신들은〉을, 다음 날 같은 지면에 〈아름다운 새벽은 우리를 찾아온다고 합니다〉를 발표한 것이다. 따라서 이 두 편을 김현승의 등단작으로 간주한다. 그는 그해 《동아일보》에 〈새벽은 당신을 부르고 있읍니다〉와 《조선중앙일보》에 〈아침〉, 〈황혼〉 등 총 5편의 시를 발표한다. 그해 연말에 문학평론가 홍효민이 쓴 《신동아》의 시단 총평은 다형 김현승을 "혜성같이 나타난 시인", "촉망할 수 있는 신인"으로 극찬하기

---

[3] 김현승, 〈나의 문학백서〉, 『김현승 전집 2―산문』, 시인사, 1985, 271쪽.

에 이른다. 또한 김기림은 그를 이미지스트로, 백철은 모더니스트로 평가하며 신예 시인에게 관심을 보였다. 이후 그는 1936년까지 3년 동안 총 18편의 작품을 신문과 잡지에 발표하면서 신예 시인으로서 비교적 활발한 활동을 하였다. 그러나 그는 그 후 붓을 던지고 1945년 8월 15일 광복을 맞이할 때까지 줄곧 침묵했다. 그가 시 창작을 중단한 1936년의 사회 상황은 중일전쟁이 제2차 세계대전으로 확산되어 가는 중이어서 세계가 떠들썩하였다. 개인적으로는 위장병과 신경쇠약증이 도져서 광주에 돌아가 휴양할 수밖에 없는 처지에 놓이게 되었다. 그렇지만 한편으로는 매양 휴양이라는 이름으로 놀고 있을 수만 없었으므로 모교인 숭일학교에서 교편을 잡았다. 그는 당시의 심경을 다음과 같이 회고하고 있다.

> 처음에는 건강의 회복을 위하여 일시나마 시작詩作을 피하려던 것이 그 동안에 확대되는 전쟁의 상황과 일제의 문화 말살 정책의 발악 가운데서 마침내는 시작의 의욕마저 상실하지 않을 수 없게끔 정세는 변화되고 말았다. (중략) 우연한 기회에 신사참배 문제로 기소되어 일제의 감옥까지 구경하고 말았다.[4]

이상의 술회를 보면 그의 일제 말 절필은 복합적 이유가 있었던 것으로 보인다. 건강 문제, 그리고 일제의 우리 문화 말살 정책과 신사참배 문제로 인한 투옥 등이 작용했기 때문이다. 그의 절필 기간은 일제가 우리말과 글에 극심한 탄압을 가했던 시기와 겹친다. 즉 우리 문학사에서 이른바 '암흑기'라고 하는 시기에 해당된다. 그는 또 "해방이 오지 않았다면 나는 그 암담한 현실 속에서 문학과 영원히 결별하였을 지도 모른다. 해방과 함께 나의

---

[4] 위의 책, 285쪽.

문학열은 다시금 용솟음쳐 올랐다"5)고 토로했다. 건강 문제와 투옥, 그리고 생활고로 참담한 생활을 영위해 가던 그때 우리에게 광복이 찾아 왔다. 광복을 맞은 후 그는 비로소 다시 붓을 들기 시작한 것이다. 1946년 4월 『민성』에 〈내일〉이라는 작품을 발표함으로써 그는 문단 활동을 재개하기 시작한 것이다. 그러나 1950년까지 4, 5년 동안 그가 발표한 작품은 고작 6편에 불과하다. 따라서 1951년 4월 문학 교수로서 그가 젊은 대학생들과 함께 창작열을 불태우기 시작한 이 시기가 바로 진정한 의미에서 시작詩作 활동을 재개했다고 할 수 있다.

3. '눈물'과 '기도'

다형 김현승은 1951년 4월 조선대학 교수로 부임하여 1960년 4월 모교 평양의 숭실전문학교 후신인 서울의 숭실대학으로 옮기기까지 9년 동안 광주에서 후진을 양성하며 창작열을 불태웠다. 그는 대학에서 한편으로 시론과 시창작법 등의 강의와 연구에 열중하면서 다른 한편으로는 자기 시 세계의 새로운 모색을 위하여 온갖 정열을 경주했다. 일제 시기의 등단 초기부터 붓을 잠시 놓을 때까지 그의 작품 경향이 외면적인 자연의 세계에 관심을 쏟았다면, 이 무렵의 창작 경향은 기독교 정신을 바탕으로 한 인간의 내면 세계에 대한 탐구에 있다고 할 수 있다. 이러한 모색은 숭실대학으로 직장을 옮긴 후 '인간 고독'의 세계에 들어가기 바로 전 단계에 해당한다. 다시 말하면 이 시기는 첫 시집 『김현승시초』(1957)를 거쳐 시집 『옹호자의 노래』(1963)를 내 놓은 때까지로 제2기에 해당한다. 생활인으로서의 인간적 고뇌가

---

5) 김현승, 〈나의 시작 생활 20년기〉, 『현대문학』, 1958.4., 198쪽.

그의 시적 주제였다고 할 수 있다.

  그는 1951년 6월에 광주에서 발간된 문예지인 『신문학』을 창간하여 주간을 맡았다. 그리고 그는 『신문학』 창간호에 〈내가 나의 모국어로 시를 쓰면〉이라는 작품을 발표하였다. 『신문학』은 1953년 제4호로 끝났지만, 그는 출판 자금의 어려움 속에서도 줄곧 주간을 맡으면서 전남 지역 문단의 활성화와 중앙 문단과의 교류를 꾀하였다. 그는 꼼꼼하고 스스로에게 엄격한 성품으로 시상을 다듬고 완성하여 발표하는 데에 항상 신중을 기하는 스타일이었다. 그의 이러한 성격 때문에 과작의 시인으로 널리 알려져 있었다. 그렇지만 그 1950년대에 들어 매년 4~7편의 작품을 문예지 등에 발표하는 등 비교적 활발한 시작 활동을 펼쳐 나갔다.

  그는 광주에서 후학을 기르던 10년 동안 약 40편의 작품을 발표했다. 그의 대표작으로 애송되는 〈눈물〉(시정신, 1952), 〈플라타너스〉(문예, 1953), 〈옹호자의 노래〉(현대문학, 1955), 〈가을의 기도〉(문학예술, 1956), 〈내 마음은 마른 나뭇가지〉(현대문학, 1957), 〈산줄기에 올라〉(신태양, 1958) 등의 작품이 모두 이 시기에 쓰여지고 발표되었다. 특히 1952년에 서정주에 의해 목포에서 발행된 『시정신』 창간호에 발표한 〈눈물〉은 고등학교 "문학" 교과서에, 1956년 『문학예술』에 발표한 〈가을의 기도〉는 중학교 3학년 "국어" 교과서에 수록될 정도로 널리 알려진 대표작 중의 가작이다.

    더러는
    옥토에 떨어지는 작은 생명이고저…

    흠도 티도,
    금가지 않은

나의 전체全體는 오직 이뿐!

더욱 값진 것으로
드리라 하올 제,

나의 가장 나중 지니인 것도 오직 이뿐!
아름다운 나무의 꽃이 시듦을 보시고
열매를 맺게 하신 당신은,

나의 웃음을 만드신 후에
새로이 나의 눈물을 지어 주시다.

—〈눈물〉 전문

  이 작품은 다형이 사랑하는 어린 아들을 잃고 그 슬픔을 신에 의지해 잊으려고 쓴 작품으로 고백체로 씌어졌다. 작품 전반에 성서적인 분위기가 짙게 깔려 있음을 알 수 있다. 1연의 '옥토에 떨어지는 작은 생명'의 주체는 눈물이다. 이것은 『마태오의 복음서』 13:23에서 '좋은 땅에 뿌렸다는 것은(……) 혹 백 배, 혹 육십 배, 혹 삼십 배가 되느니라'라고 했듯이 시인의 눈물은 단지 슬픔을 상징하는 것이 아니라 열매를 맺기 위한 절대가치인 것이다. 더욱 값진 것으로 드리려 해도 '흠도 티도/ 금가지 않은/ 나의 전체는 오직 이뿐'이어서 눈물은 시인에게 있어서 완벽한 가치를 지닌 것이다. 이것은 마지막 연의 시드는 꽃보다는 열매가 절대적이듯이, 웃음보다는 눈물이 더 절대적이라는 의미와 대응한다. 따라서 눈물은 시인에게 있어서 절대가치를 지니는 것이며 신의 뜻이므로 신께서 열매를 맺어 주시리라는 믿음이 깔려 있다.[6] 이 작품은 그 주제적 측면에서 감동을 주지만, 더불어서 그 문학적 장치를 통한 문학성의 구현 또한 가치를 지닌다.

---

6) 네이버 지식백과, '눈물' 참조.

시인은 눈물이 '옥토에 떨어지는 생명'이라고 함으로써 눈물이 일반적으로 슬픔을 환기한다는 우리의 안이한 생각을 배반한다. 눈물은 생명이며 그것도 '흠도 티도 금가지 않은' 순수한 것이다. 즉 이 작품에서 눈물은 순수한 생명이라는 내포를 가졌다. 그것은 시인에게 유일무이한 가치다. 동시에 이 눈물은, 꽃과 열매의 관계가 웃음과 눈물의 관계에 상응하는 이런 관계의 관계를 통하여 영원하고 불변적인 가치가 됨을 시인은 암시한다. 꽃은 아름답지만 쉽게 시들므로 그것은 일시적이고 가변적이다. 마찬가지로 웃음도 일시적이고 가변적이다. 그러나 이와 대립되는 열매와 눈물은 영원하고 불변적인 것이 될 수밖에 없다. 결국 이 작품의 주제는 영원한 가치로서의 생명의 순수성이다. 시인은 이런 주제를 직접 진술하지 않고 눈물의 핵심 이미지로써 우리에게 전달하고 있는 것이다.[7]

한편 그의 시작詩作은 신앙의 몸짓에서 시작하여 신을 향한 믿음의 언어로 완성된다. 언제나 그에게 있어서의 문학적 일상은 신성성의 추구를 열망하고 깊은 자기 성찰과 기도로 이루어진다. 그런 의미에서 다음의 시는 이 무렵 그를 대표하는 작품이라고 할 수 있다.

> 가을에는
> 기도하게 하소서.
> 落葉들이 지는 때를 기다려 내게 주신
> 謙虛한 母國語로 나를 채우소서.
>
> 가을에는

---

[7] 김준오, 『시론』, 삼지원, 2010, 160쪽.

사랑하게 하소서.
　　오직 한 사람을 택하게 하소서.
　　가장 아름다운 열매를 위하여 이 肥沃한
　　時間을 가꾸게 하소서.

　　가을에는
　　호올로 있게 하소서.
　　나의 영혼,
　　굽이치는 바다와
　　百合의 골짜기를 지나
　　마른 나뭇가지 위에 다다른 까마귀같이.
　　　　　　　　　　　　　―〈가을의 祈禱〉 전문

　이 시는 기도의 형식을 빌려 쓴 신앙 시이다. 청자 지향적인 이 작품에서 청자는 '절대자', 즉 전지전능한 신으로 설정되어 있다. 기도의 내용은 다음 몇 가지로 요약할 수 있다. 가을이라는 계절을 전제로 ①기도할 수 있게, ②모국어로 나를 채울 수 있게, ③오직 한 사람을 사랑할 수 있게, ④가장 아름다운 열매를 맺을 수 있도록 시간을 가꿀 수 있게, ⑤홀로 있게 해달라는 기원이 그것이다.

　이 시는 '기도'와 '사랑'과 '고독'을 주제로 하고 있다. 그는 이 시에서 '기도'에 '낙엽'과 '모국어'를 결합시킴으로써 경건하게 기도하는 자세를 보여준다. '겸허한 모국어', 곧 기도의 형태로 표현된 모든 염원의 언어로 자신의 마음이 채워지기를 바라고 있음을 알 수 있다. 그에게 있어서의 '사랑'은 "오직 한 사람을 택하게 하소서"와 같이 일상적인 사랑에 대한 의미로 볼 수도 있겠으나, 여기에서는 절대자, 곧 그 자신의 유일신에게로 가까이 다가가려는 간절한 소망이라고 하는 편이 더 옳다. 이러한 소망은 결국 최선의 결과("가장 아름다운 열매")를 이룩할 수 있도록 과정("肥沃한/ 時間을 가꾸게")에 충실하는 일이다. "홀로 있게 하소서…"는 고독의 심상이다. 즉 갖은 탐욕과 번뇌로부터 벗어나 홀로 있고자 하는 염원의 표현이다. 그리고 이 시의 핵심 이미지라고 할 수 있는 "까마귀"는 그가 추구하는 영혼이며 고독의 상징이다. 까마귀는 "굽이치는 바다와/百合의 골짜기"라는 과정(신앙적 행로)을 거쳐 궁극("마른 나뭇가지 위")에 다다른 고독한 영혼이 되기를 갈망하고 있는 것이다.

4. 신과 고독

다형은 1960년대 후반에 이르러 새로운 시적 변모를 보이는데, 유일신의 존재에 대해 회의하기 시작하면서 부터이다. 이 시기는 제3기에 해당된다. 그는 지금까지 절대적으로 믿어왔던 신을 떠나 고독의 세계로 침잠하기에 이른다. 지금까지 자신의 정신적, 문학적 버팀목 구실을 하던 그의 신앙이 흔들리기 시작한 것이다. 이 시기의 정신적 방황의 이유를 다음과 같이 말한다.

> 무엇보다 하느님은 유일신이 아닌 것 같다. 만일 유일신이라면 어찌하여 이 세상에는 다른 신을 믿는 유력한 종교가 따로이 있겠는가? 그리고 십계명에는 어찌하여 "나 이외에는 다른 신을 공경하지 말라" 하였을까. 그것은 다른 신의 존재를 전제하지 않고서는 표현할 수 없는 말이 아닌가?[8]

다형은 기독교적 일원론이 제대로 성립하려면 선의 책임과 함께 악의 책임도 창조주에게 지워져야 한다고 여겼다. 즉 기독교는 행복의 영광은 신에게 돌리고 불행의 책임은 악마에게 전가시킴으로써 스스로 이원론의 모순을 범하고 있다고 생각했다. 이러

---

[8] 김현승, 〈나의 문학백서〉, 앞의 책, 274–275쪽.

한 시인의 갈등은 다음 작품에 잘 드러나 있다.

> 떠날 것인가
> 남을 것인가.
>
> 나아가 화목할 것인가
> 쫓김을 당할 것인가.
>
> 어떻게 할 것인가,
> 나는 네게로 흐르는가
> 너를 거슬러 내게로 오르는가.
>
> ―〈제목〉 중에서

이 작품은 신과의 관계에서 갈등하며 방황하고 있음을 잘 보여준다. 전지전능한 절대자로 보았던 신관神觀이 변화했음을 알 수 있다. 이 작품을 기점으로 그의 시 세계는 큰 변화를 일으켰다. 즉, 60년대 중반기 이후에 나온 시집 『견고한 고독』과 『절대고독』에서 보이는 '고독'이 그것이며, 이 고독이 그의 시의 중심을 이루게 된다. 그의 고독은 인간 본질의 외로움이나 허무 의식이 아니라, 문학에서는 시, 예술 정신이며 윤리 면에서는 참된 양심이 되고자 구원을 포기하는 고독이다. 그렇기에 그의 고독은 신과 인간, 양심과 현실에서 빚어진 것이기 때문에 절망이라고 볼 수는 없다.

> 나는 이제야 내가 생각하던
> 영원의 먼 끝을 만지게 되었다.
> 그 끝에서 나는 하품을 하고
> 비로소 나의 오랜 잠을 깬다.
>
> 내가 만지는 손 끝에서

아름다운 별들은 흩어져 빛을 잃지만
내가 만지는 손 끝에서
나는 무엇인가 내게로 더 가까이 다가오는
따스한 체온을 느낀다.

그 체온으로 내게서 끝나는 영원의 먼 끝을
나는 혼자서 내 가슴에 품어 준다.
나는 내 눈으로 이제는 그것들을 바라본다.

그 끝에서 나의 언어들을 바람에 날려 보내며,
꿈으로 고이 안을 받친 내 언어의 날개들을
이제는 티끌처럼 날려 보낸다.

나는 내게서 끝나는
무한의 눈물겨운 끝을
내 주름 잡힌 손으로 어루만지며 어루만지며,
더 나아갈 수 없는 그 끝에서
드디어 입을 다문다—나의 시詩는.

―〈절대고독〉 전문

이 작품에서 시인은 신의 무한성·영원성은 실재하지 않으며 그것은 자신의 죽음에서 끝난다는, 이른바 개별적인 자기 고독의 사상을 언술하고 있다. 따라서 '절대 고독'이란 자연과의 관계 단절, 그리고 사회와의 관계 단절을 거쳐 마침내 신과의 관계 단절에 이르는 고독인 것이다.

다형에게 있어서 고독은 아무런 구원을 바랄 수도 없고 바라지도 않은 고독이므로 고독 자체를 도리어 철저히 지키려고 했다. 이같은 고독은 절망적 고독이 아니라 가령 "부모가 있는 고아의 고독 같은 것"9)을 말한다.

---

9) 김현승, 〈굽이쳐가는 물굽이 같이〉, 위의 책, 265쪽.

5. 고독의 극복과 신에의 귀의

그토록 견고했던 다형의 고독은 1970년 초반부터 극복 양상을 보여 준다. 신을 상실한 고독의 세계에서 벗어나 신께 절대적으로 귀의하게 된 시기이다. 1973년 다형에게 뜻하지 않은 사건이 일어났다. 고혈압 증세로 쓰러졌다가 다시 깨어난 사건이 그것이다. 이 사건은 순수한 고독의 추구를 통한 인간의 세계, 즉 신을 등지고 신으로부터 잠시 떠났던 세계에서 다시 신의 곁으로 귀의하게 만드는 결정적 계기가 되었다.

>이러한 중에 나는 지금으로부터 3년 전의 어느 겨울에 갑자기 쓰러지고 말았다. (중략) 우리의 신인 하느님이 나에게 회개의 마지막 기회를 주시려고 이 어리석은 나를 살려 놓으신 것이다.[10]

이처럼 그는 졸도를 계기로 고독을 극복하고 신이 인간에 우선하다는 깨달음을 얻으면서 신과의 관계를 회복한다. 시적 긴장은 느슨해지고 전적으로 감사와 헌신으로 일관하는 시작 태도를 견지하게 된다.

>이제는
>밝음의 이쪽보다
>나는 어둠의 저쪽에다
>귀를 기울인다.
>
>여기서는
>들리지도 않고

---

[10] 김현승, 〈코피를 끓이면서〉, 위의 책 31쪽.

보이지도 않는
어둠의 저쪽에다 내 귀를 모두어 세운다.
이제는 눈을 감고

어렴풋이나마 들려 오는 저 소리에
리듬을 맞춰 시도 쓴다.
이제는 떨어지는 꽃잎보다
고요히 묻히는 씨를
내 오랜 손바닥으로 받는다.

될 수만 있으면
씨 속에 묻힌 까마득한 약속까지도…
그리하여 아득한 시간에까지도 이제는
내 웃음을 보낸다,
순간들 사이에나 떨어뜨리던 내 웃음을
이제는 어둠의 저편
보이지 않는 시간에까지
모닥불 연기처럼 살리며 살리며…

—〈전환〉 전문

'전환'이란 문자 그대로 다른 방향, 다른 상태로 바뀌는 것을 의미한다. 이 시에서 강조하고 있는 것은 지난 시간과의 '단절'이다. 지금까지 주되게 지켜 온 시적 주제인 '고독'의 세계에서 탈피하여 새로운 정신의 세계로 전환하겠다는 의지의 표명이다.

> 내가 쓰러지고 나서는 나의 지대한 관심이 매우 달라져버렸다. 지금 나의 애착과 신념은 결코 시에 있지 않다. 따라서 시에 대한 야심이나 욕심이 그 전과는 많이 달라졌다. 지금의 나의 심경은 시를 잃더라도 나의 기독교적 구원의 욕망과 신념은 결단코 놓칠 수 없고 변할 수 없다.[11]

---

11) 김현승, 〈나의 생애와 나의 확신〉, 위의 책, 288쪽.

그는 신앙에 의한 휴머니즘을 통해 자연과의 관계도 회복한다. 신과 화해함으로써 자연을 다시 신앙의 대상으로 인식하게 된다. 이제 그의 시에서 등장하는 나무와 같은 자연의 의미는 영적인 존재가 숨어 있는 것으로써 하나님의 존재를 받아들이는 무의식적인 표현이라고 할 수 있다.

당신의 핏자욱에선
꽃이 피어 사랑 꽃이 피어,
따 끝에서 따 끝까지
사랑의 열매들이 아름답게 열렸습니다.

당신의 못자욱은
우리를 더욱 당신에게 못 박을 뿐
더욱 얽메이게 할 뿐입니다.

당신은 지금 무덤 밖
온 천하에 계십니다. 충만하십니다!

당신은 당신의 손으로
로마를 정복하지 않았으나,
당신은 로마보다도 크고 강한 세계를
지금 다스리고 계십니다!
지금 울려퍼지는 이 종소리로
다스리고 계시옵니다!
당신은 지금 유태인의 수의를 벗고
모든 따의 훈훈한 생명이 되셨습니다.

모든 나라의 모든 사람들이
이웃과 친척들이 기도와 노래들이
지금 이것을 믿습니다!
믿음은 증거입니다.

증거할 수 없는 곳에
믿음은 증거입니다!
증거할 수 없는 곳에
믿음은 증거입니다!

해마다 사월의 훈훈한 땅들은
밀알 하나이 썩어
다시 사는 기적을 우리에게 보여 줍니다.
이 파릇한 생명의 눈으로…

―〈부활절에〉 전문

1975년 『한국문학』 4월호에 발표된 이 시는 그의 생애 마지막 작품으로 기독교 정신인 사랑의 충만함을 노래한 것이다. '당신'의 희생으로 이 세상에는 사랑이 결실되고, 따라서 '당신'에게 "더욱 얽매이게" 할 수밖에 없는 믿음과 부활의 기쁨, 그리고 생명의 환희를 노래하고 있다.

6. 나오는 말-다형의 시맥과 현창

흔히 김현승을 '가을의 시인', '고독의 시인'이라고 한다. 이는 그가 '가을'에 대한 시편[12]과 '고독'을 탐구한 시편들을 많이 썼기 때문이다. 차를 너무 좋아해서 그의 호가 다형茶兄이라는 것은 잘 알려진 사실이다. 독실한 기독교 집안에서 태어난 신앙인이기 때

---

[12] 그는 스스로 가을을 '유달리 좋아하는 계절'이라고 시집 『옹호자의 노래』 자서自序에서 밝히고 있다. 그의 시에는 가을을 소재로 한 시가 특별히 많을 뿐만 아니라, 질적으로도 큰 비중을 차지한다. 〈가을이 오는 시간〉, 〈가을의 입상〉, 〈가을의 시〉, 〈가을의 포도鋪道〉, 〈가을은 눈의 계절〉, 〈가을의 향기〉, 〈가을의 소묘〉, 〈가을 넥타이〉, 〈가을비〉, 그리고 〈가을의 기도〉 등 '가을'이란 시적 소재가 제목에 드러나고 있는 작품만 해도 10여 편을 헤아린다.

문이기도 하지만 체질적으로도 술을 마시지 못한 그는 커피를 매우 좋아하였고, 커피 맛과 향에 대해 일가견을 가지고 있었다고 한다. '가을'과 '고독'은 한 잔의 커피와 썩 조화롭게 어울린다. 이러한 시적 주제와 생활 취미에서 짐작할 수 있듯이 그의 성격은 불의를 보면 참지 못하는 맑고 곧은 강직한 성격이었다고 한다.

1955년 4월 한국시인협회에서는 새로이 '시인상'을 제정하여 제1회 수상자로 그를 선정하였다. 그러나 그는 수상을 거부했다. '작품상'이 아닌 '예우'로 주는 상은 받지 않겠다는 것이 수상 거부 이유였다. 한국시인협회에서는 '1930년대 등단한 문단의 중견', '현재의 왕성한 활동' 등의 공적을 수상 결정 사유로 제시했다. 그렇지만 다형은 구체적인 작품을 놓고 명확히 심사하지 않은, 문단의 경력만을 중시한 것은 그 심사 과정이 올바르지 못하다는 것이었다. 이처럼 그는 자기 작품에 대한 자신감과 자긍심이 강한 시인이었다.

그는 그 해 7월 처음 제정된 제1회 전라남도 문화상(문학 부문)을 수상했다. 1957년 5월 한국문학가협회 상임위원이 되었고, 그 이후 우리나라 대표적 문학지인 『현대문학』의 추천 위원이 되었다.

그의 추천을 받고 『현대문학』을 통해 등단한 시인으로는 주명영, 임보, 박홍원, 낭승만, 이성부, 김대환, 정현웅, 문병란, 김광회, 박봉섭, 최학규, 손광은, 이기원, 김규화, 정의홍, 최만철, 권영주, 조남기, 오규원, 박경석, 이환용, 이운룡, 이생진, 박정우, 이병석, 진헌성, 강우성, 오경남, 문순태, 진을주, 김충남, 이병기 등 32명이다. 이들은 다형을 영원한 문학의 스승으로 모시고 그로부터 발원한 문학 정신을 꾸준히 계승해 나가고 있다.

김현승은 1960년 4월 이후 5년 동안은 광주 양림동 집과 서울의 직장을 오가며 생활하다가 1965년 가족과 함께 서울로 이주하였다. 서울로 옮긴 후 더욱 활발한 시작 활동을 하다가 1975년 4월 62세를 일기로 타계하였다. 그 해 11월 유고 시집『마지막 지상에서』(창작과비평사)가 나왔다.

1977년 6월 그의 제자 시인들과 뜻있는 동료 문인들이 그의 시업을 영원히 기리고자 무등산록(무등산장 밑 구부러진 도로 옆)에 "다형 김현승 시비"를 세웠다. 제막식에는 이 지방 문인들은 물론 백낙청, 고은, 염무웅 등 경향 각지의 문인들이 모여 그의 시 정신을 기리고 추모하였다. 이 시비에는 대표작 〈눈물〉이 새겨져 있다.

20주기를 맞은 1995년에 앞에서 언급한 그의 제자 시인 32명이 "다형의 고결한 시정신의 맥을 이어가자는 취지"로 "다형문학회"를 조직하였다. 그리고 1996년 9월에 다형문학회지 창간호『지상의 별들』을 펴냈다.

다형 김현승에 대한 현창이 본격화 된 것은 2009년 3월 "다형 김현승시인기념사업회"가 결성되면서라고 할 수 있다. 이 단체에서는 결성 이후 매년 "전국학생문예작품공모", "학술세미나", "다형문학제", "다형시낭송회" 등을 꾸준히 개최해 왔고,『다형김현승전집』 2권과『다형김현승시인연구선집』 1권을 발간했다. 그리고 다형의 일대기를 영상물로 제작하기도 했다.

이처럼 다형 김현승에 대한 현창 사업은 세월이 흐를수록 다양한 형태로 이루어지고 있다. 그러나 앞으로 다형에 대한 높은 평가에 걸맞은 현창 사업이 더욱 격조 있게 이루어지려면 여러 가지 새로운 모색과 노력이 있어야 할 것이다. 가령 다형 현창 사업의 중심인 "다형김현승시인기념사업회"를 법인화하여 새롭게 조직을 강화 개편하고 재정을 충분히 확보하는 방안을 강구해야 한다. 그러려면 다형과 관계가 있는 여러 문학예술단체들과 학교 기관, 지자체, 행정기관들을 하나로 결집시키는 노력과 계기 마련이 선행되어야 한다고 본다. 그리하여 형식적인 사고의 틀을 벗어나 그의 위상과 평가에 걸맞은 창의적이고 가치 있는 명실상부한 현창 사업이 이루어져서 그의 문학적 성가가 영원히 구가되기를 바라마지 않는다.

임원식 『월간문학』 평론. 『수필문학』 수필, 『문예사조』 시, 소설 등단. 창조문예 문학상·광주광역시 시민대상(문학)·한국예총문화상 대상 수상 등. 숭실대 총동문회장·광주문인협회장 역임. 저서/ 연구서 『신춘문예의 문단사적 연구』, 칼럼집 『초원에서 사색하기』, 시집 『사랑이 오는 시간』, 『생각하는 정원』, 『해남 연가』 등 18권. 현/ 광주예총 회장.

백수인

김현승과 종합문예지 『신문학新文學』

〈 목 차 〉

1. 서론
2. 『신문학』의 잡지 성격
3. 창간호와 제2집의 서지 사항과 내용
4. 제3집과 제4집의 서지 사항과 내용
5. 『신문학』과 김현승의 역할
6. 결론

1. 서론

『신문학』은 1951년 6월 1일 창간호를 발행하여 1953년 5월 25일 제4집을 끝으로 종간된 종합문예지이다. 이 무렵 우리나라는 한국전쟁이 한창이어서 수도를 임시로 부산으로 옮겨야만 했다. 따라서 이 시기의 잡지들은 주로 부산에서 창간되어 발행되었다. 대중잡지『希望희망』이 1951년 5월에, 여성대중잡지『女性界여성계』가 1952년 7월 1일에, 문화잡지『문화세계文化世界』가 1953년 7월 1일 각각 창간되었다. 이 잡지들은 모두 편집, 발행, 인쇄인이 김종완이며 모두 임시 수도 부산에서 창간되었다. 이밖에 조병옥이 1952년 1월 25일 창간한 정치 문제 중심의 종합지『자유세계自由世界』와 장준하가 1953년 4월 1일 창간한 종합잡지『사상계思想界』도 전쟁 중 부산에서 나왔다. 그리고 1952년 8월 황준성이 창간한 대중종합잡지『신태양新太陽』은 대구에서 나왔다.[1] 이와 같이 부산과 대구에서 몇 개의 잡지들이 창간되었지만 이 중 순수한 종합문예지는 하나도 없었다. 해방 후 호남에서도 몇 개의 잡지가 창간되었다.『예술문화』(1945, 목포), 주간『전우』(1950, 목포) 그리고『갈매기』(1950, 목포)가 그것이다. 목포 예술문화동맹에서 낸『예술문화』는 1945년부터 이듬해까지 2년에 걸쳐 발행한 계간 잡지이다. 문학 작품이 대거 실렸지만 예술일반과 시사 문제들이 다루어져 있어 순문예지라고 보기엔 다소 무리가 있다. 특히『전우』와『갈매기』는 목포해군경비부에서 출판비를 조달한 정훈잡지의 성격을 띠고 있다.[2] 따라서 광주에서 창간된『신문학』은 유일한 순수 종합문예지라는 점에서 우리나라 잡지사와 문학사에서 특기할만한 의미와 가치를 지니고 있는 것이다.

　『신문학』을 본격적으로 연구하여 소개한 논문은 두 편이 있다.[3] 이 중 이동순은 주로 시 작품에 초점을 맞추어 소개했고, 박태일은『신문학』4호에 발표된 황순원의〈소나기〉의 초본 문

---

[1] 최덕교 편저,『한국잡지백년』3, 현암사, 2004., http://terms.naver.com. 참조
[2] 박태일, "목포지역 정훈매체『전우』연구—한국전쟁기 정훈문학 연구 1",『현대문학이론연구』제38집, 현대문학이론학회, 2009. 09.
이동순, "해군목포경비부의 정훈잡지『갈매기』발굴의 의미",『근대서지』제8호, 소명출판, 2013년 하반기.
[3] 이동순, "한국전쟁기 순문예지『신문학』연구",『현대문학이론연구』제43집, 현대문학이론학회, 2010. 12.와 박태일, "전쟁기 광주지역 문예지『신문학』연구",『영주어문』제21집, 영주어문학회, 2011. 02.가 있다. 두 논문은 발표 시기에 2개월 정도 차이가 있으나 뒤늦게 발표한 박태일은 이동순의 발표 사실을 확인하지 못한 채 연구가 이루어진 것으로 보인다.

제와 전쟁기의 의식에 논의의 중심을 맞추었다.

『신문학』은 이 두 연구를 바탕으로 보다 더 여러 시각과 다양한 방법으로 탐구할 필요가 있다고 판단했다. 『신문학』은 우리 문학잡지의 역사에서 상당히 중요한 사료임이 분명하고, 이 잡지의 실체와 문학사적 위상과 의의를 정립해야 할 필요가 있기 때문이다. 따라서 이 논문은 『신문학』의 성격, 내용, 우리 문학잡지사에서의 위상, 그리고 이 잡지의 창간과 발행 편집을 주도했던 김현승의 역할을 규명하는 데 의의가 두고자 한다.

2. 『신문학』의 잡지 성격

『신문학』의 성격에 대해서는 몇 가지 주장이 있다. 첫째, 동인지로 보는 견해이다. 허형만은 "1950년대 전남의 동인활동"의 범주에 『신문학』을 넣음으로써 동인지로 간주했고, 박형철 또한 마찬가지로 보았다.[4] 네이버에서 '신문학'을 검색해보면 "네이버 지식백과"에 "1954년 전남 광주光州에서 창간된 문예 동인지."[5]라고 소개하고 있다. 『신문학』을 발굴하여 학계에 소개한 이동순과 박태일도 시각은 약간 다르지만 동인지의 일종으로 보고 있다.[6]

둘째, 종합문예지로 보는 견해이다. 이명재는 "다형 김현승의 문학사적 위상"이라는 글에서 『신문학』을 '종합문예지'로 규정하

---

[4] 허형만, "문학동인활동 변천사", 『全南文學變遷史』, 전남문학백년사업추진위원회, 1997., 483쪽.
박형철 엮음, 『광주·전남 문학동인사』, 한림, 2005., 47쪽. 그러나 『신문학』 창간호에 실린 좌담회 기사를 전재하면서 붙인 주석에는 "전남에서 해방 이후 처음으로 발행한 순수문학 전문지 『新文學』 창간호…"라고 쓰고 있다.
[5] 1954년이 아니라 1951년 6월로 정정해야 한다.
[6] 이동순, "한국전쟁기 순문예지 『신문학』 연구", 앞의 논문, 148~149쪽.
박태일, "전쟁기 광주지역 문예지 『신문학』 연구", 앞의 논문, 342쪽.

고 있다.7)

『신문학』이 비록 전쟁의 와중에 '광주'라는 지방에서 나왔지만 동인지의 성격과는 다소 거리가 있다. 당시 문단에서 이름이 있는 기성 문인들이 이 지면을 통해 작품을 발표하고 있을 뿐만 아니라, 정식으로 당국의 허가를 받은 등록된 간행물이었다. 당시의 문단 풍토로 보아서 아마추어가 아닌 기성 문인들이 만든 동인지의 경우도 있을 수 있다. 그 경우는 동인들의 명단이 확실히 확보되어 있다. 그러나 이 잡지의 어디에도 동인 명단은 없다.8)

창간호에 실린 "湖南文學을 말하는 座談會" 기사에 참석자를 소개한 난이 있는데 "出席者(無順) 張龍健 朴洽 李東柱 林秉周 孫철 金海錫 高文錫(未參) 昇志行(未參)— 本社側 白完基 金顯承 때 四二八四年四月十六日(下午三時) 곳 新文學社 編輯室"로 되어 있다. 여기에 연명된 문인들을 동인으로 볼 수도 있다. 왜냐하면 고문석과 승지행을 출석자의 명단에 넣어 놓고 "미참"이라고 부기해 두었기 때문이다. 그런데 "본사측"이라고 하여 백완기와 김현승의 이름을 따로 적고 있다. 그러나 이들 중 백완기는 4집을 내는 동안 단 한 편의 글을 발표한 적이 없고 장용건은 단 한 편의 희곡을 발표했을 뿐이다. 그런가 하면 이 명단에 없는 이석봉은 매번 작품을 발표하였고, 이진모와 이가형도 매호 적극적으로 참여하고 있다. 따라서 이들이 중심, 즉 편집동인(위원)이 되어 『신문학』을 간행했다고 볼 수는 있지만 이 잡지를 단순한 동인지로 규정하는 것은 옳지 않다고 본다. 이밖에 이 잡지를 통

---

7) 이명재, "다형 김현승의 문학사적 위상", 문학춘추 69호(2009. 겨울), 127쪽.
8) 가령 당대의 전현적 동인 형태를 본다면 『신문학』 제3집 58쪽에 실린 광고를 들 수 있다. "詩同人誌 詩鄕(七月中 發刊) (同人) 李秉岐 辛夕汀 徐廷柱 金顯承 徐廷太 李東柱 朴洽", 이처럼 시동인이라고 밝히고 있고 7명의 동인 명단도 소개하고 있다.

해 작품을 발표한 서정주, 신석정, 최태응, 황순원, 이은상, 노천명 등을 동인으로 간주할 수 없기 때문이기도 하다.

한편 『신문학』의 형식적인 발행 주체인 《신문학사》의 주소를 보면 창간호는 광주, 제2집에는 서울과 광주에 각각 두었다가 제3집부터는 서울에 두고 있다. 이는 『신문학』이 처음부터 전국을 대상으로 하는 종합문예지를 지향했음을 짐작할 수 있다.

이 잡지를 처음부터 끝까지 주관하여 편집한 김현승은 창간호 편집후기에서 "호남에서는 처음 맺는 순문예지"[9]라고 잡지의 성격을 규정하고 있다. 이처럼 『신문학』은 '동인'들의 명단을 한 번도 밝힌 바가 없고 이 잡지의 편집 방침이 지역 문인들만의 작품 발표 무대로 제한하여 폐쇄되어 있는 것이 아니라 어디까지나 전국으로의 개방을 지향하고 있음을 확연히 확인할 수 있다.

따라서 『신문학』은 단순한 한 지역의 동인지가 아니라 서울이 함락되어 있는 한국전쟁 시기에 지방 도시인 광주에서 발행된 순문예지, 종합문예지의 성격을 가진 우리 현대문학사에서 중요한 가치와 의의를 갖는 잡지이다.

3. 창간호와 제2집의 서지 사항과 내용

『신문학』의 창간은 1951년 6월 1일이지만 오랜 준비 기간이 필요했던 것 같다. 이러한 사정은 창간호의 맨 뒷장의 '판권' 내용에서도 어느 정도 짐작할 수 있다. 창간호의 '판권' 내용은 다

---

[9] 김현승이 쓴 '편집후기'에 '동인' 또는 '편집동인'이라는 용어가 자주 나오지만 이는 편집위원의 의미로 받아들여야 한다. 왜냐하면 '동인'들의 명단을 한 번도 밝힌 바가 없고 이 잡지의 편집 방침이 지역 문인들만의 작품 발표 무대로 제한하여 폐쇄되어 있는 것이 아니라 어디까지나 전국으로의 개방을 지향하고 있기 때문이다.

음과 같다.

> 『新文學』創刊號, 定價 三,五〇〇圓, 四二八四年五月三十一日 印刷, 四二八四年 六月一日 發行, 許可年月日 四二八二年十二月十二日, 許可番號二六一號, 發行兼編輯人 白完基, 印刷所 光州市錦南路一街一 全南日報社 印刷局, 發行所 光州文化社

이를 통해 백완기10)가 발행 겸 편집인이고 인쇄는 《전남일보사》에서, 발행은 《광주문화사》에서 했음을 알 수 있다. 그런데 허가연월일은 1949년 12월 12일로 되어 있어 창간호가 나오기 약 1년 6개월 전에 이미 허가를 얻었음을 알 수 있다. 이러한 사정은 손철의 회고에서도 알 수 있다.

> 『신문학』 창간호가 고고의 소리를 울린 것은 1951년 6월 1일이었다. 그러니까 6·25 난리에서 광주가 수복된 지 8개월째이며 정부는 부산에서 허둥대고 있을 무렵이다. 그러나 이 날이 있기 전 『신문학』의 태동부터 더듬는다면 8·15 해방 이후부터로 거슬러 올라가야 할 것 같다. 일제 때 숨을 죽이

---

10) 문학평론가. 전남 광주光州 출생. 본명은 용기龍基, 호는 강정江庭. 광주중학 졸업, 만주에 건너가 신경법정대학新京法政大學을 중퇴했다. 1959년 〈한국일보〉 신춘문예에 평론 《현대문예現代文藝의 새로운 방향方向》이 당선되었다. 그 뒤 수십 편의 평론을 발표했으며 출판을 하다가 가산家産을 탕진하기도 했다. (국어국문학자료사전, 1998., 한국사전연구사) 백완기는 이 때 이미 1946년 4월 전국 조직으로 결성된 "조선청년문학가협회"에 가입하여 활동한 광주 지역 대표적 문인으로 활동하고 있었다. 이 단체는 김동리 최태응, 조지훈, 조연현, 서정주, 박두진, 곽종원, 박목월, 박용구朴容九 등이 서울 YMCA에서 결성하여 후에 지방으로 회원을 확산하면서 유치환, 김상옥, 김춘수, 조향, 김수돈, 정진업, 이영도, 이설주, 김현승, 김남중, 백완기, 이경순, 설창수, 조진대, 오영수 등이 참여하여 전국적인 규모로 확대되었다. 이 단체는 8·15광복 이후의 순수문학 전통을 확립한 대표적인 조직으로 평가되었으며, 1947년 '전국문화단체총연합회'로 발전적 해체되었다. (한국민족문화대백과, 한국학중앙연구원)

고 촌마을에 묻혀 살던 김현승 씨를 비롯한 문인들이 광주로 나왔고 서울 문단은 이데올로기나 사상의 혼돈으로 갈피를 잃고 있을 무렵 나와는 깨복장이 친구인 소설가 최태응이 한국문화연구소에 적을 두고 민족 문화 창달을 역설하면서 여러 차례 광주로 내려와 이 곳 문인들과 호남문단이 자주 화제에 오르곤 했다.11)

『신문학』창간을 위한 태동을 해방 직후 김현승 등의 문인들이 오랜 잠적으로부터 밖으로 나왔고, 최태응이 자주 광주에 내왕하면서 이들과 교류했음을 듣고 있다. 전쟁 중이어서 광주가 수복되기를 기다린 탓도 있었겠지만 잉태에서 출산까지 상당한 준비기간이 필요했던 것이다.

창간호의 목차 난을 정리해 보면 다음과 같다.

新文學 第一券 第一號 創刊號 目次
▲表紙·扉畵―千鏡子, 版畵―金斗河
▲創作
탈(一幕)―張龍健, 어떤 兄弟―昇志行, 잃어버린 두 사람―林秉周, 도순이―孫哲
▲번역
詩語와 詩的 眞實―李珍模
▲海外文化토픽
▲文壇메모
▲詩
新綠이 필 때(外一篇)―金顯承, 독수리(外一篇)―朴洽, 좁은 門의 悲歌―李東柱, 比翼鳥―李石奉
▲湖南文學을 말하는 座談會
▲隨筆
光州에―崔泰應, 困惑退行의 法則―李恩泰, 京釜線―高文錫,

---

11) 손철, "광주·전남 문학의 연원을 더듬어 보면―신문학新文學 시절을 중심으로", 『光州文學』제18호(2001. 3.),

아버지―金海錫, 卞學道―梁普承
▲編輯後記

　표지화와 속표지화(扉畵)12)는 천경자13)가, 판화는 김두하가 맡았다. 문학 작품의 발표는 창작, 시, 수필 분야로 나누어 편집했다. 희곡 1편, 단편소설 3편, 시 6편, 수필 5편으로 총 15편의 문학 작품이 발표되었다. 이밖에 번역 소논문 1편과 좌담회 내용을 정리하여 실었다.
　100쪽 말미의 "문단 메모" 난을 보면 전쟁기인 당시의 문단 정황을 짐작케 한다. '문총 전남지부'와 '문총구국대 전남지대'를 결성한 소식 등이 주를 이루고 있다. 그해 2월 17일 "시인 고 김영랑 추도식"을 문총전남지부 주최로 열었다, 3월 19일 이동주의 시집 『婚夜』 출판기념회를 재광문인들의 발기로 개최했다, 2월 1일 목포해근경비부정훈실이 발행하는 종합문화지 『갈매기』가 창간되었다는 등의 소식을 정리해 놓고 있다. 또한 창간호의 광고를 보면 당시 이 잡지를 내는 데 협찬한 곳을 짐작할 수 있다.14)
　제2집은 창간호를 발행한 뒤 6개월이 지나서 나왔다. 이 책 마

---

12) '扉畵'의 '扉'는 일본어의 'とびら'로 '속표지'라는 뜻이므로 '비화'는 속표지화를 의미한다.
13) 여류화가. 수필가. 1924년 전남 고흥 출생. 전남여고와 도쿄여자미술전문학교(東京女子美術專門學校) 졸업. 국전에서 특선하고, 대한미술협회에서 대통령상을 받았다. 국전 추천작가이며, 홍익대 교수를 역임했다. 한국전쟁 이후 『현대문학』 등 문예지에 수필을 발표하기 시작했다. 수필집으로 『여인소묘』(정음사, 55), 『유성이 가는 곳』(영문각, 64), 『언덕 위에 양옥집』(신태양사, 66), 『사모아섬』, 그리고 남태평양을 다니면서 대상을 그려 넣은 『천경자 남태평양에 가다』 등이 있다. 2015년 8월 6일 미국 뉴욕에서 타계했다.
14) 창간호에는 뒤표지 전면광고는 "朝鮮大學"에서 했고, "조선이화학공업주식회사 회장 고광표 사장 최정기", "전라남도학도호국단 학생회관 위원장 이한우", "육군대장 정인 저 〈情熱의 書〉 印刷中", "주식회사 한흥화학공업사 사장 박경홍" 등의 광고가 실려 있다.

지막 쪽의 '판권' 내용은 다음과 같다.

> 『新文學』(單行本) 第二輯, 定價 三,五〇〇圓, 四二八四年十一月三〇日 印刷, 四二八四年 十二月一日 發行, 發行人 林貞姬, 編輯人 金顯承, 서울市 鐘路區 寬勳洞一七五, 光州市 忠壯路五街 四〇番地 新文學社, 四二八四年七月 一〇日 登錄 登錄番號 二〇二號, 木浦市 務安通三番地 印刷處 第一印刷所 登錄年月日 四二八四年九月二六日 登錄番號 壹貳參壹號

6개월만인 1952년 7월 15일 발행된 제2집은 창간호와 달라진 부분이 많다. 발행인 겸 편집인이던 백완기의 이름이 사라지고 발행인은 임정희, 편집인은 김현승으로 바뀌었다. 추정컨대 백완기가 재정 지원을 할 수 없게 되자 발행인을 재정적 뒷받침을 할 수 있는 박용철의 부인인 임정희로 바꾸고 창간호의 사실상의 편집인이었던 김현승이 표면에 나선 것이다.15) 발행소는 《광주문화사》에서 《신문학사》로 바뀌었다. 《신문학사》의 주소는 두 개가 표기되어 있는데, 서울과 광주에 각기 주소를 가지고 있다. 이로 미루어 이 때 신문학사는 광주 본사와 서울사무실을 두었던 것으로 추정된다. 인쇄처는 광주의 《전남일보사》에서 목포의 《제일인쇄소》16)로 옮겼다. 당시 《전남일보사》는 수필가 김남중이 경영했고 《제일인쇄소》는 정판길이 경영했다.

제2집의 목차 난을 정리해 보면 다음과 같다.

---

15) "재정적 경영면을 박용철 씨 부인인 임정희 여사가 담당하기로 되었다. 당시 임정희 여사는 전란을 피해 고향인 광산군 송정읍 소촌리에 3형제 분을 거느리고 내려 와 계셨는데 고문석 씨가 허락을 얻어 내가 경리를 맡기로 하고 신문학이 재출발하게 됐던 것으로 기억한다."(손철, 앞의 글)
16) 이 인쇄소는 『갈매기』와 『전우』 등의 잡지를 인쇄했던 곳이다.

新文學 第2輯 目次
▲表紙―金寶鉉, 커트―車載錫, 版畵―金斗河
▲創作
Y家의 生理―金海錫, 乳房―孫哲, 歸航路에서―李佳炯, 準教師―田炳淳
▲
戰爭과 文學―丁來東, 人間性의 再確認―李珍模
▲文人動靜
▲詩
가을―李石奉, 鳳仙花(外一篇)―李東柱, 冠(外一篇)―朴洽, 故鄕에(外一篇)―金顯承
▲
詩文學時節回顧―盧天命, 濟州島의 六日間―朴容九
▲隨筆
事物有對―李殷相, 철없는 사람―曺喜權[17]), 비다지―李恩泰, 편집수첩―車載錫, 散想―鄭根模
▲편집후기

    제2집의 목차를 통해 표지화는 김보현[18])이, 컷은 차재석이, 판화는 창간호와 마찬가지로 김두하가 맡았다. 문학작품의 발표는 단편소설 4편, 평론 2편, 시 7편, 수필(기타 포함) 7편으로 총 20편이다.
    "문인동정"을 통해 당시 몇몇 문인들의 활동 상황이나 정황을 짐작할 수 있다. 동정에 소개된 문인으로는 장용건, 이가형, 박

---

[17]) 曺喜灌의 오식임.
[18]) 당시 조선대 미술학과 교수. 1917년 경남 창녕에서 태어나 일본 태평양미술학교를 졸업하고 귀국하여 마침 설립된 조선대 미술학과의 첫 전임교수로 부임했다. 1955년 일리노이대학 교환교수로 미국에 건너가서 미국에서 활동했다. 세계적 명성을 갖고 1992년 귀국하여 한국에서 전시회를 개최해 국내에 알려지기 시작했다. 조선대에는 그와 그의 아내 이름을 딴 "김보현 & 실비아미술관"이 있다. 2014년 향년 98세를 일기로 미국에서 타계했다.

흡, 이진모, 승지행, 조희관, 손철, 임병주, 김해석, 차범석, 이석봉, 전병순, 차재석, 이동주, 김현승 등이다.[19)]

제2집은 인쇄소를 목포로 옮긴 탓으로 광고가 다양해졌다. 당시 굵직한 회사의 광고도 있지만 문인들이 자주 드나들던 다방 광고도 있다.[20)]

제2집에서 특기할만한 것은 중학교 교과서에 수록되어 일반인들에게 널리 잘 알려진 이동주의 대표작 〈강강술래〉가 처음으로 제2집 84쪽과 85쪽에 걸쳐 발표된 점이다. 지금까지 '강강술래'는 그의 제3시집 『강강술레』(1955, 호남출판사)의 표제작으로, 이 시집을 출전으로 보아왔다. 그러나 시집에 실린 텍스트는 오히려 2연이 통째로 빠져 있는 등 현재 알려진 텍스트 보다 더 다른 곳

[19)] 동정 내용에는 특기할 만한 몇 가지 사실들이 있다. 장용건은 "조선대학 학생예술소극장"을 인솔하여 "뇌우"라는 작품으로 1개월여 동안 전남 일대를 순회공연을 하고 귀임했다. 박흡은 광주서중에 재직하는데 고등학교로의 전직을 고사했다. 聯大(전시연합대학)와 조대에 강사로 나간다. 이진모는 목포상대에 재직 중인데 연대와 조대에도 출장 깅의를 한다. 조희관은 "戰友社" 사장으로 취임했다. 손철은 병원을 신장 이전했다. 임병주는 건강 이상으로 정양 중이다. 김해석은 광주서중에서 광주고교로 전근했다. 전병순은 신혼인데 장성군여한청단장으로 활동 중이다. 차재석은 『戰友』의 편집국장에 취임했다. 이동주는 목포에 체류하며 『湖南詩文學全集』 편집하고 있다. 김현승은 조선대에서 교편을 잡고 있으면서 잡지 편집으로 바쁘다. 등이다.

[20)] 뒤표지 광고는 "전라남도석유조합 조합장 고광표", "목포상선주식회사 사장 金大㑄" 등 두 건이다. 여기에서 '김대중'은 중자가 다르지만 대통령을 지냈던 김대중이다. "다방 신성 광주시 황금동", "손소아과 광주시 호남동 원장 손철", "조선기선주식회사 목포지점 지점장 한도원", "전남순범선해운조합 목포시 수강동 2가 3번지", "대동고무공업사 사장 김문오", "시사와 문예 주간 戰友", "조선대학생 예술소극장 공연 曹禹 作・金光洲 譯・張龍健 演出, 雷雨(4幕) 때…12월 2, 3, 4일, 곳…목포 평화극장", "좀스러운 보금자리 茶房 麥園(목포 구 고향다방)", "목포시 무안동 茶房 麥園", "목포시 무안동 茶房 桑港", "조선이화학공업주식회사", "광주금융조합", "전남극장문화협회", "茶房 秘苑 광주시 황금동" 등이 광고를 통해 협찬을 했다.

이 많다.21) 『신문학』 제2집에 실린 작품 원문을 그대로 전사하면 다음과 같다.

여울에 몰린 銀魚떼.

삐비꽃 손들이 둘레를 짜면
달무리가 빙 빙 돈다.

가아웅 가아웅 수어얼 레에.
목을 빼면 설음이 솟고……

白薔薇 밭에
孔雀이 취했다
뛰자 뛰자 뛰어나 보자

뇌누리에 테프가 감긴다
열두발 상모가 마구 돈다

달빛이 배이면 술보다 독한 것

갈대가 쓰러진다
旗幅이 찢어진다

강강 술레.
강강 술레

―〈강강술레〉

맞춤법과 띄어쓰기 몇 군데를 제외하면 지금 일반에 알려진 텍

---

21) 시집에 실린 텍스트를 그대로 옮기면 다음과 같다. "강강술레// 여울에 몰린 銀魚 떼// 가웅 가웅 수워얼 레에// 목을 빼면 서름이 솟고// 白薔薇 밭에 孔雀이 취했다// 뛰자 뛰자 뛰어나 보자/ 강강 술래// 뇌누리에 테프가 감긴다/ 열 두 발 상모가 마구 돈다// 달빛이 배이면 슬보다 독한것// 갈대가 스러진다/ 旗幅이 찢어진다// 강강 술래/ 강강 술래"

스트와 크게 다른 점이 없다. 현재의 텍스트에는 '강강술래'를 '강 강술래'로, 3연의 '수어얼'을 '수어워얼'로, '테프'를 '테이프'로 바 뀌어 있다. 그리고 '열두발'을 '열두 발'로 현재 맞춤법에 맞는 띄어 쓰기로 표기했고, 마지막 연 '강강 술래'라고 띄어 썼던 것을 '강 강술래'라고 붙여 썼다. 그러나 도드라지게 달라진 것은 8연이다. "갈대가 쓰러진다/ 旗幅이 찢어진다"의 두 행의 순서가 바뀐 것 이다. 순서가 바뀐 것은 의미의 차이가 거의 없다. 기폭과 갈대 의 찢어지고 쓰러지는 행위는 동시에 일어나고 있기 때문이다. 그런데 '쓰러진다'가 '스러진다'로 바뀌었다. 이 두 단어 사이에는 상당한 의미 차이가 느껴지는데, 바꾼 의도를 짐작하기는 어렵다.

여기에서 하나 짚고 넘어가야 할 것은 '강강술래' 이외의 작품 (〈좁은 門의 悲歌〉, 〈鳳仙花〉, 〈黃土밭엔 太陽도 독하다〉, 〈妖 花〉)은 이동주의 어느 시집에도 수록되지 않고 알려지지도 않은 새로이 발굴된 작품이라는 것이다.[22]

또 하나, 김현승의 시 〈고향에〉를 두고 이동순은 새로운 작품 의 '발굴'이라 했고, 박태일은 이를 〈산줄기에 올라〉로 개작하여 『신태양』 1958년 6월에 재발표했다고 보았다.[23] 그러나 원래 〈고향에〉를 발굴하여 문단에 소개한 이는 그의 제자 박홍원이 다. 그는 다음과 같은 설명과 곁들여 이 작품을 소개했다.

> 사족 같지만 필자는 여기, 세상에 널리 알려지지 않은 다형 의 시 한 편을 소개함으로써 감추어져 있는 그의 일면을 살펴

---

[22] 이동순, "한국전쟁기 순문예지 『신문학』 연구", 앞의 논문, 159쪽.
    박태일, "전쟁기 광주지역 문예지 『신문학』 연구", 앞의 논문, 326쪽.
[23] 이동순, 위의 논문, 155~159쪽
    박태일, 위의 논문, 323쪽.

보고자 한다. 그것은 『김현승전집』이나 타계 후에 출판된 『마지막 지상에서』나 기타 그의 어느 시집에도 수록되지 않은 〈고향에〉라는 제의 작품인 바, 이 작품에서는 고향인 광주에 대한 다형의 집념 및 애착이 어떠한 양상으로 아로새겨져 있었던가를 볼 수 있어, 참으로 소중한 자료라고 생각되어서이다. (중략)

바로 이 〈고향에〉는 다형이 편집을 맡았던 『신문학』(제2집, 1951년 12월)에 발표되었던 작품이다. 광주를 "산에 오르면 언제나 꽃처럼 피어 있는 도시"라고 찬미 하는가 하면 온난한 기후를 "남국의 황금빛 사흘들"이라고 찬양한다.[24]

박홍원은 이 글에서 두 작품을 다른 작품으로 설명하고 소개하였다. 〈고향에〉는 총 16행, 〈산줄기에 올라〉는 총 23행으로 이루어져 있다. 박태일의 주장대로 이 두 작품이 개작 관계에 있는지 다음 예시를 통해 따져 보기로 하자.

산에 오르면
언제나 꽃처럼 피어 있는 都市다

最後의 詩를
나는 다시 이 거리에 돌아와 바치련다

다수운 가을을 더 받고 가려던
南國의 黃金빛 사흘들이
그만 사랑도 기억도 남기지 못한
故鄕이 되고 말았다
나는 어느듯 그만 나무와 같이 자라고 말았다

나는 그들의 祖上이고

---

[24] 박홍원, "김현승의 인간과 시", 『전남문단』 1976년판. 이를 재수록한 다형김현승선생기념사업회 편, 『다형 김현승의 삶과 문학』, 2015, 137~138쪽.

詩人이 될 수 있을까

　　나는 天國을 拒否치 않는다
　　天國을 오히려 한숨 많은 이 廢墟위에……

　　이 한 句節을 언제나 거센 물줄기처럼
　　나의 砂丘―나의 都市를 지나 흐르게 하라
　　來日은 늙어 버릴 詩人의 이름으로.
　　　　　　　　　　　　　―〈고향에〉 전문

　　산줄기에 올라 바라보면
　　언제나 꽃처럼 피어 있는 나의 都市―

　　지난 날 自由를 위하여
　　공중에 꽂힌 칼날처럼 강하게 싸우던
　　그곳에선 무덤들의 푸른 잔디도
　　兄弟의 이름으로 다스웠던…

　　그리고 지금은 기름진 平野를 蠶食하며
　　煙氣를 따라 擴張하며 가는 그 넓은 周邊들…

　　지금은 언덕과 수풀 위에 새로운 지붕들이 솟아올라,
　　學問과 詩와 밤중의 實驗館들이
　　無形의 드높은 塔을 쌓아 올리는 그 象牙의 音響들…

　　산줄기에 올라 바라보면
　　언제나 꽃처럼 피어있는 나의 故鄕―
　　길들은 치마끈인 양 풀어져,
　　낯익은 酒店과 册肆와 理髮所와
　　잔잔한 시냇물과 푸른 街路樹들을
　　가까운 이웃을 손잡게 하여주는…

　　그리고 아침과 저녁에
　　共同으로 듣는 汽笛소리는

멀고 먼 나의 꿈과 타고난 슬픔을 끌고가는…

아아, 시름에 잠길 땐 이 산줄기에 올라 노래를 부르고,
늙으면 돌아와 追憶의 眼鏡으로 멀리 바라볼 사랑하는 나의
都市—
詩人들이 자라던 나의 故鄕이여!
— 〈산줄기에 올라—K都市에 바치는〉 전문

첫 두 행만 비교해 보면 박태일의 의견이 어느 정도 맞는 것 같지만 나머지를 보면 시적 대상이나 의미, 화자의 위치, 언술 방식 등 모든 면에서 판이하다. 따라서 〈고향에〉와 〈산줄기에 올라〉는 완전히 별개의 작품으로 보아야 한다. 결론적으로 〈고향에〉는 발굴도 아니며, 이를 개작한 것도 아니다.

4. 제3집과 제4집의 서지 사항과 내용

제3집은 2집이 나온 지 7개월 반만인 1952년 7월 15일 발행되었다. 이 책 마지막 쪽의 '판권' 내용은 다음과 같다.

> 『新文學』第三輯, 定價六,○○○圓, 四二八五年七月十日印刷, 四二八五年七月十五日發行, 發行人 林貞姬, 編輯人 金顯承, 서울市鐘路區寬勳洞一七五 發行處 新文學社, 四二八四年七月十日登錄 登錄番號二○二號, 光州市光山통七八 印刷處 韓國印刷公社

제2집과 달라진 것은 《신문학사》의 광주 주소가 없어지고 서울 주소만 밝히고 있는 점이다. 따라서 공식적으로 『신문학』을 발행하는 《신문학사》는 서울 종로에 소재한 셈이다. 이는 『신문학』이 전국지를 표방하고 있는 대목으로 해석된다. 인쇄처는 목포에서 다시 광주로 옮겼다. 목차 내용을 정리하면 다음과 같다.

新文學 第3輯 目次
▲題字―孫在馨, 表紙畵―金寶鉉
▲詩
春愁―辛夕汀, 春香의 말―徐庭柱, 傾斜의 影像―李相老, 하늘이 주저 앉기 전에―具相, 一九五二年에―金宗文, 第四眠―朴洽, 黃土밭엔 太陽도 독하다―李東柱, 산도야 치고 물도야 쳐서―李永純, 黃昏―李石奉, 龜―李壽福, 내가 나의 母國語로 시를 쓰면―金顯承
▲
歐羅巴 文化의 統一―T·S·엘리오트 李珍模 譯
東京通信―金昌德
▲創作
木碑―昇志行, 두꺼비―孫哲, 石胎―梁秉祐
에밀리의 秘密―윌리엄·포오크너 作 李佳炯 譯
作家의 本分―編輯部 譯
▲編輯後記

 창간호와 제2집의 제자는 각각 다른데 누구 누구가 맡았는지는 밝히지 않았었다. 제3집부터는 서예가 손재형[25]이 맡았음을 알 수 있다. 표지화는 2집에 이어 김보현이 맡았다. 문학작품의

---

[25] 1903년 전라남도 진도에서 출생하였다. 호는 素田·素荃·篠顚·篠田 등을 썼으나 '素荃'을 가장 즐겨 썼다. 1925년 양정고등보통학교, 1929년 외국학원을 졸업하였다. 어려서부터 할아버지인 병익秉翼에게 한학과 서법을 익혔으며, 중국금석학자 나진옥羅振玉에게 배웠다. 1924년 제3회 선전鮮展에서 「안씨가훈顔氏家訓」이 첫 입선하고 해마다 거듭 입선한 이후 제10회 선전에는 특선을 하였다. 1949년 제1회 국전부터 제9회(1960)까지 심사위원으로 활동, 그 뒤 고문(1961)·심사위원장(1964, 제13회)을 역임하며 국전을 통해서 현대 서예계에 크게 영향을 끼쳤다. 그의 글씨는 각 체에 걸쳐 기교가 두드러지고 전서에 독특한 경지를 보였으며, 기교적인 그의 개성이 깃들인 여기餘技로서의 문인화도 그렸다. 1947년 재단법인 진도중학교를 설립, 이사장이 되고 예술원회원(1949), 민의원의원(1958), 한국예술단체총연합회 회장(1965), 예술원 부회장(1966), 국회의원(1971) 등을 지냈다. 서예작품으로는 「진해이충무공동상명」(한글예서체)·「육체사육신묘비문六體死六臣墓碑文」·「이충무공벽파진전첩비문李忠武公碧波津戰捷碑文」 등이 있다. 1981년 향년 78세를 일기로 타계했다.

발표는 시에 11명, 단편소설에 3명, 번역에 2명, 기타 1명으로 총 17명의 문인이 참여했다. 제3집에는 시인이 대거 참여한데 반해 수필은 따로 편집하지 않았다는 것이 특징이다. 그러나 '동경통신'은 편지 형식의 글이니 수필로 보아야 한다. 시인이 11명이나 포진된 것은 제2집의 '편집후기'에서 이미 예고된 것이었다.

> 말이 앞서고 보면 뒷이 허한 법이나 다음 호에는 동인들의 안목을 높이기에 힘써 볼 것이며 특히 호화로운 시 특집을 가져 볼 속셈이다. 중앙에서 이미 와 있는 원고도 서너 편 있으나 그 때 한몫 싣기로 아껴두고 가져올 예정의 집필자는 모윤숙, 김동리, 서정주, 조연현, 조지훈, 최태웅, 이한직, 김윤성 (무순) 제씨다.[26]

이를 정작 제3집의 편집 내용과 비교해 보면 '시 특집'이란 예고는 어느 정도 달성됐다고 보지만, 예정 집필자 중에 실제로 작품을 발표한 사람은 서정주뿐이다. 이는 『신문학』이 그만큼 원고 모집에 한계를 느꼈음을 알 수 있다. 그러나 서정주 이외에 신석정, 이상로, 구상, 김종문 등 명성 있는 문인들이 새로이 작품을 발표함으로써 문예지로서의 격을 높였다.

제3집에는 12개의 광고가 실려 있다. 주로 다방과 기업체 광고이다.[27]

제4집은 1953년 5월 25일 발행되었다. 제3집이 나온 뒤 약 10

---

[26] 편집후기, 『신문학』 제2집, 신문학사, 120쪽.
[27] 다방 광고는 4개('아폴로', '금잔디', '태평', '우리집'), 기업체 광고는 6개(합동통신전남지사 지사장 차정옥, 조일산업주식회사, 한국미곡창고주식회사 여수지점, 대한금융조합연합회전남지부 지부장 임정기 외 직원일동, 전라남도석유조합 조합장 고광표, 천일산업주식회사 여수공장)이다. 이밖에 앞서 언급한 "시향" 동인지 광고가 있고 이 책을 인쇄한 "한국인쇄공사" 광고가 있다. 제4집에서는 여수 소재의 기업 광고가 나타난 것이 특징이다.

개월 만에 발행된 것이다. 제4집의 '판권' 내용은 다음과 같다.

> 新文學 第四輯(季刊)
> 定價 一〇〇圜, 檀紀四二八六年五月二〇日 印刷, , 檀紀四二八六年五月二五日 發行, 發行人 林貞姬 編輯人 金顯承, 發行處 서울市鐘路區寬勳洞一七五番地 新文學社, 檀紀四二八四年七月十日登錄 登錄番號二〇二號, 印刷處 木浦市 務安洞 株式會社 第一印刷所 登錄檀紀四二八四年九月二六日 一二一三號

발행처는 제3집과 마찬가지로 서울시 종로구의 《신문학사》이지만, 인쇄는 다시 목포의 《제일인쇄소》에 맡겼다. 여기에서 중요하게 눈여겨보아야 할 것은 '계간'이라고 밝힌 점이다.[28] 그리고 책값은 100환이다.[29] 제4집의 목차 내용은 다음과 같다.

> 新文學 第四輯 目次
> ▲題字—孫在馨, 表紙畵—千鏡子, 版畵—千百元
> ▲創作
> 소나기—黃順元, 三十六計—李佳炯, 모루—林秉周, 江村 사람들—金海錫
> ▲外國文學
> 小說・쾨스뜰러 「文法的 虛構」—李佳炯 譯, 평론・사르뜨르 「神話의 創造者」—梁秉祐 譯, 紹介・로빈슨 「사르뜨르, 쾨스뜰러」—李祺馭

---

28) "『신문학』은 낼 때부터 반연간지를 겨냥한 매체였다. 이런 사실은 호마다 맨 뒤에 발간 정보를 담아 붙어 있는 「편집후기」로 알 수 있다." (박태일, "전쟁기 광주지역 문예지 『신문학』 연구", 앞의 책, 315쪽.)고 했으나 제4집에 이르러서는 '계간'을 표방했음을 알 수 있다.
29) 제1집과 제2집은 3,500원이었는데, 제3집은 6,000원으로 올랐다. 그리고 제4집은 그 해 화폐개혁이 있어서 100환으로 정해졌다. 100환은 구화로 10,000원이다. 당시 전쟁 상황에서 인플레가 얼마나 심했던가를 이로써 짐작할 수도 있다.

▲
白樂天의 新樂府―李殷相, 풀잎 斷章을 읽고―趙演鉉
▲詩
運河―朴洽, 妖花―李東柱, 밤비―李石奉, 어제―金顯承, 亞熱帶―金正鈺, 窓―李榮植, 祈禱―盧榮壽, 매아미에게―朴允煥
▲수필
神經痲痺症―丁來東, 後悔라는 熟語―金一鷺
▲文人꼬싶 ▲編輯後記

제4집의 표지화는 창간호 표지화를 그렸던 천경자가 맡았다. 4명이 단편소설을, 8명이 시를, 3명이 번역을, 2명이 평론을, 2명이 수필을 발표했다. 이로써 제4집은 총 19명이 작품을 발표하는 무대가 되었다. 시를 발표한 김정옥, 이영식, 노영수, 박윤환은 생소한 인물이다. 이들의 작품을 실었던 것은 "예견을 허하는 꾸준한 시학도"를 격려하는 차원이라고 한다.30)

단연 돋보이는 것은 국민소설이라고 할 정도로 잘 알려진 황순원의 단편 〈소나기〉가 최초로 이 잡지 제4집을 통해 발표되었다는 사실이다.

그런데 최근 김동환이 이에 대해 이론을 제기했다. 1953년 11월에 발행된 『협동』에 실린 황순원의 〈소녀〉가 초간본이라는 주장을 폈다.31) 그의 주장은 〈소녀〉에는 결말부분에 4개의 문장이

---

30) 김현승이 쓴 제4집 편집후기에 "金正鈺 李榮植 盧榮壽 朴允煥 四人의 詩는 처음 보는 얼굴이다. 金과 李는 서울文理大 在學中, 盧와 朴은 光州尙武台에 服務中…… 그러나 豫見을 許하는 꾸준한 詩學徒들이다. 四人의 詩가 새로이 新文學에 取扱된 것은 그들에 대한 旣成待遇로서도 아니요, 新人推薦으로서도 아니다. 激勵以上 아모런 動機도 갖지 않았다."고 했다. 그런데 유독 노영수와 박윤환의 작품 말미에는 '徐廷柱選'이라고 되어 있다. 박윤환은 본인이 작성한 것으로 보이는 조선일보 '인물정보'에 "1953년 '신문학'을 통해 문단 데뷔"라고 밝히고 있다.
31) 김동환, "초본과 문학교육", 『문학교육학』 26권, 한국문학교육학회, 2008, 279~303쪽

더 있는데, 이걸 나중에 빼고 〈소나기〉로 제목을 바꾸어 개작했다는 것이다. 처음 이 주장을 제기할 때 김동환은 『신문학』의 실체를 확인하지 못했다고 한다. 이 논문의 심사 후 수정과정에서야 한국잡지정보원에 소장되어 있는 『신문학』을 보고 결말 부분이 〈소녀〉의 그것과 같다는 것을 확인했다고 한다.32) 이 주장은 2013년 9월 13일 경희대와 양평군이 주최하는 문학제 중 '황순원 기념사업의 방향과 초기작품의 재조명'을 주제로 열리는 세미나에서도 논쟁이 되었다. 이 세미나에서 김동환의 주장에 박태일이 반론을 제기했고, 박태일은 다시 다양한 분석을 통해 초본 시비를 다음과 같이 마무리했다.

> '소나기'는 1952년 10월 무렵 창작을 끝낸 뒤 초본이 광주에서 나온 문예지 『신문학』 4호(1953. 5)에 〈소나기〉로 처음 실렸다. 그 뒤 『협동』 추계호(1953. 11)에 〈소녀〉로 재발표되었다. 이어서 소설집 『학』(1956. 12)에 〈소나기〉로 실려 오늘날까지 이어졌다. 따라서 『신문학』 본 〈소나기〉는 첫 창작본인 초본이자 첫 간행본인 원본임에 확실하다.33)

황순원의 〈소나기〉가 맨 먼저 이 세상에 빛을 본 것은 『신문학』에 의해 이루어진 것이 사실이다. 이상에서 살핀 것처럼 『신문학』이 비록 4집으로 중단 되었지만 종합문예지로의 품격을 갖춘 잡지일 뿐만 아니라, 동인지 시대에서 본격적인 전문 종합문예지 시대로 넘어가는 가교적 역할을 했음을 알 수 있다.

---

32) 위의 논문, 283~28쪽.
33) 박태일, "황순원 소설 〈소나기〉의 원본 시비와 결정본", 『어문론총』 제59호, 한국문학언어학회, 2013.12., 627쪽.

5. 『신문학』과 김현승의 역할

김현승은 숭실전문 재학 때인 1934년 《동아일보》 5월 24일자에 양주동의 추천으로 〈쓸쓸한 저녁이 올 때 당신들은〉을 발표하면서 문단 활동을 시작하였다. 그해 연말 《신동아》의 시단총평에서 평론가 홍효민은 "혜성 같이 나타난 시인", "촉망할 수 있는 신인"으로 극찬하기에 이른다. 이후 1936년까지 총 18편의 작품을 발표하여 활발한 활동을 전개했다. 그러나 그는 그 후 붓을 놓고 1945년 해방을 맞이할 때까지 침묵하였다.[34] 해방이 되자 그의 문학열은 다시 용솟음치기 시작했다. 1946년 4월 『民聲』에 〈내일〉이라는 작품을 발표함으로써 그는 우리 문단에 복귀하게 된다. 그러나 1950년까지 5년 동안 그가 발표한 작품은 6편에 불과하다.[35]

1951년에 이르러서부터 본격적인 시작활동을 전개해 나갔다. 그는 이 해에 개인적으로 두 가지 일이 있었다. 하나는 4월에 김기림의 월북으로 공백이 된 조선대학교 시학 교수로 취임한 일이고, 다른 하나는 6월에 종합문예지 『신문학』을 창간한 일이다. 이 두 가지 일은 거의 동시에 이루어졌다고 해도 무방하다.

『신문학』은 처음부터 김현승에 의해 창간되었고 편집 발행되었다. 김현승은 순수한 문학지로서 종합문예지를 꿈꾸어 왔지만 그에게는 재정을 충당할만한 능력이 없었다. 그래서 발행 겸 편집인으로 백완기를 앞세워 놓고 편집과 발행 등의 일을 도맡았던 것이다.

---

[34] 그의 일제 말기 절필 이유는 건강문제, 그리고 일제의 우리 문화 말살 정책과 신사참배 문제로 인한 투옥 등이 복합적으로 작용한 것으로 보인다.(백수인, 대학문학의 역사와 의미, 앞의 책, 14쪽.)

[35] 위의 책, 13~14쪽.

> 막상 순문예지를 발간키로 결정이 되자 응당 명칭에 대한 궁리가 생길 밖에요. (중략) 은연중에 '호남문학' 아니면 '순문학' 중 이자택일일까 싶은 분위기로 기울어 갔는데 말없이 가만히 듣고만 있던 김현승 씨가 진즉부터 생각을 해놓고 있었던 것이었을까 너무나도 자연스럽게 "신문학이 어때" 하자 또 한 약속이나 한 듯 즉각적인 만장일치의 박수로 통과되었습니다.[36]

위의 증언에서처럼 김현승은 잡지 명칭까지 미리 지어놓는 치밀함을 보였다. 잡지의 명칭에는 손철의 해석처럼 "민족의 수난과 문학의 암흑기"인 사회현실에서 "새로운 문학의 활로"를 찾겠다는 의미[37]도 있지만 그가 초기부터 추구해 온 '모던' 지향의 의미도 있다고 본다.

김현승이 편집을 주도하였으므로 '편집후기'는 매번 자신이 썼다.[38] 창간호에 실린 "호남문학을 말하는 좌담회"의 참석자에는 '출석자'와 '본사측'을 구분하여 '본사측'에는 백완기와 김현승의 이름을 밝혔다. 백완기는 창간호에 '발행 겸 편집인'으로 등재되어 있지만, 이 잡지를 통해 평론가로서의 작품을 한 편도 발표한 바가 없을 정도로 실제로의 활동 상황은 없어 보인다. 그리고 판권에는 발행소가 《광주문화사》로 되어 있는데, 이 좌담회 기사의 장소(곳)는 《신문학사 편집실》로 밝히고 있어 제2집부터가 아니라 이 때 이미 《신문학사》라는 명칭을 썼음을 알 수 있다. 김현승은 『신문학』을 문학적 수준을 잃지 않은 높은 품격의 '순문예지'로 꾸릴 것을 지향했다.

---

[36] 손철, "신문학 시절", 『哲2』(송정문화사, 1991), 36쪽.
[37] 위의 글, 같은 쪽.
[38] 2집의 편집후기 말미에 "承·柱"라고 적어 이동주와 함께 쓴 것으로 되어 있지만, 필자는 김현승으로 보인다.

앞으로 어떠한 困難을 헤치고라도 『新文學』은 계속 成長
할 수 있을 것이다. 創刊號에 실린 作品들은 全部가 編輯委員
會의 合評을 거친 것들이다. 앞으로 이 方針은 堅持될 것이고
이것은 湖南文學의 眞實한 發展과 小成에 陶醉되는 弊端을 막
기 위하여 어느 時期까지는 必要한 일이 아닐까 생각한다.[39]

九月中 發刊豫定이던 第二輯이 두 달 가까이 늦은 理由는
率直하게 作品의 質的面에 自信들이 없기 때문이었다. 同人의
大部分이 改作努力에 二個月을 보내고 말았으나 그러한 結果
가 이 모양이다.[40]

편집위원회의 합평을 거쳤다는 것은 친불친에 의해 함부로 게 재하지 않았고 어디까지나 편집위원들의 평을 종합하여 수준에 부합되는 작품만 실었다는 의미이다. 그리고 김현승은 이러한 엄 격한 편집 방침이 계속 견지될 것임을 선언하고 있다. 제2집의 발간 지연 이유를 "작품의 질적 면"에 두고 있는 것도 같은 맥락 이다.

김현승은 『신문학』을 "인적 구성과 질적인 면에서 볼 때 처음 으로 전남적인 역량을 가능한한 집결하여 보인 최초의 문단적 활 동의 형태"[41]라고 의의를 두면서도 『신문학』이 지속적으로 나오 지 못하고 제4집으로 끝난 이유를 '작품 생산의 빈곤'으로 적시하 고 있다.

『신문학』의 폐간 경위는 필자가 그 책임 편집자이었던 만
큼 어느 누구보다도 잘 안다. 『신문학』은 자금 관계로 폐간된

---

[39] 편집후기, 『신문학』 창간호, 광주문화사, 121쪽.
[40] 편집후기, 『신문학』 제2집, 앞의책, 같은 쪽.
[41] 김현승, "전남문학의 전망", 『新文化』(1956. 07)의 글을 전재하고 있는 박형 철, 앞의 책, 61쪽.

> 것도 아니고 그밖의 다른 이유에서도 아니고 오로지 집필자들
> 의 작품생산의 빈곤으로부터 폐간에 이르게 되었던 것이다.
> (중략) 전남문단의 기성 대가들로써 집필멤버를 구성한 『신문
> 학』이 작품 생산의 양적 또는 질적 빈곤으로부터 무너져버렸
> 다는 것은 곧 전남의 기성 대가들의 작가로서의 빈곤을 폭로
> 한 사실밖에 아무 것도 아니다.[42]

이와 같이 『신문학』 폐간 이유[43]를 빌려서 '전남의 기성 대가들의 작가로서의 빈곤', 즉 '작품의 양적 또는 질적 빈곤'을 질타하고 경종을 울리고 있다. 이것이 지역 문단을 이끌어가는 김현승의 올곧은 자세였던 것으로 보인다.

김현승 시인에게 『신문학』 폐간은 참으로 안타까운 일이 아닐 수 없다. 그러나 이후에도 전남 지역 문학 발전에 어떠한 형태로든 기여하고 싶었을 것이다. 그래서 마침 찾은 곳이 차재석이 주도하고 있던 『詩精神』이다. 1952년 『시정신』이 창간되던 당시에 김현승은 오직 『신문학』에 전념했었다. 그러나 『신문학』이 폐간에 이른 제2집부터는 차재석, 이동주와 함께 공동 편집인으로서 5집으로 종간될 때까지 편집에 적극 참여하게 된다.[44]

이명재는 이 무렵 김현승의 활동에 대해 다음과 같이 평가하고 있다.

> 다형 김현승은 특히 어려웠던 과도기에 광주—전남 문학을

---

42) 위의 글, 같은 쪽.
43) 손철은 폐간 이유를 "재정난"으로 보고 있다. "원고난이 아닌 재정난에 빠지고 만 것"이다.(손철, "신문학 시절", 앞의 책, 40쪽), 그러나 손철은 제4집에는 참여하지 못했다. 이미 군의관으로 전선에 복무하고 있었기 때문이다. 제4집의 "문인까십" 난을 보면 "孫哲씨—軍醫官이 되어 —線에 出征. 戰線르뽀르따쥬를 新文學에 보내기로."라고 쓰고 있다.
44) 이동순, "시 전문지 『시정신』 연구", 앞의 논문, 339~340쪽.

키우고 활성화 시킨 공로 면에서 지방 문단의 代父같은 존재였다. 그의 역할은 한반도가 세계사적인 동족상잔의 전쟁 기간에 이루어진 터라 더욱 값진 것이었다. 조선대학교 부교수로 취임한 1951년부터 그는 더욱 강단 안팎에서 이 지방의 젊은 문학도들을 지도하였다. 온나라가 전쟁의 소용돌이에 빠져 있던 당시 황량한 땅에다 평화로운 미래 문단을 마련하기 위한 묘목을 심어 가꾸었다. 그리고 기존의 중앙문예지『白民』과『文藝』가 폐간되거나 휴간된 상태에서 이를 대신할 새로운 문예지까지 펴내며 장래의 인재를 키우는 못자리를 가꾼 것이다.45)

이후 그는 1950년대 후반부터『현대문학』심사 추천위원을 맡아 많은 문학도들을 문단에 등단시킬 때에도 "질적 수준"의 원칙에는 초지일관이었다. 그의 추천을 받고『현대문학』을 통해 문단에 나온 시인은 32명에 이른다.46)

6. 결론

이상으로 한국전쟁이 한창이던 1951년에 창간호를 낸『신문학』에 대한 서지 사항과 내용, 그리고 이 잡지를 통한 김현승의 역할과 지역문단, 나아가서 한국문단에의 기여를 살펴보았다.

『신문학』의 잡지 성격은 단순한 동인지가 아니라 서울이 함락되어 있는 한국전쟁 시기에 지방 도시인 광주에서 발행된 순문예지, 종합문예지의 성격을 가진 우리 현대문학사에서 중요한 가치와 의의를 갖는 잡지이다.『신문학』은 호남 지역 최초로 순문예

---

45) 이명재, 앞의 글, 127쪽.
46) 주명영, 임보, 박홍원, 낭승만, 이성부, 김대환, 정현웅, 문병란, 김광희, 박봉섭, 최학규, 손광은, 이기원, 김규화, 정의홍, 최만철, 권용주, 조남기, 오규원, 박경석, 이환용, 이운룡, 이생진, 박정우, 이병석, 진헌성, 강우성, 오경남, 문순태, 진을주, 김충남, 이병기 등이다.

지를 표방한 종합문예지로서 공시적으로는 지역과 중앙을 잇고, 통시적으로는 전쟁기의 공백을 메웠다. 『白民』(1945~1950)과 『文藝』(1949~1950, 휴간)도 폐간되거나 휴간된 상태에서 『문학예술』(1954~1957)과 『현대문학』(1955~현재), 그리고 『자유문학』(1956) 등 본격적인 종합문예지 시대로 넘어가는 가교 역할 했다고 할 수 있다.

『신문학』에는 시인 15명이 27편의 작품을, 소설가 8명이 12편의 단편을 발표했다. 그리고 수필에는 14명이 15편을 발표했고, 평론은 4명에 4편, 번역은 4명에 6편을 발표했다. 따라서 총 41명의 작가가 참여하여 64편의 작품을 발표하였다.

『신문학』은 특히 이동주의 〈강강술래〉, 황순원의 〈소나기〉 등 중등 교과서에 실려 널리 읽혀진 작품들이 최초에 발표된 무대였다. 이 점으로만 보아도 당시 『신문학』의 역할과 위상을 높이 평가할 만하다.

김현승은 『신문학』 창간과 편집을 주도했고 두 가지 원칙을 견지하는 데 노력을 경주했다. 첫째는 잡지의 질적 수준을 높이기 위해 일종의 심사 장치라고 할 수 있는 "편집위원회의 합평"을 거치는 과정을 두었다. 이는 문단 활동에서 스스로의 '엄격성'과 '엄정성'을 강조한 것이다. 둘째, 이 잡지가 지역성을 넘어 전국 잡지로서의 위상을 갖도록 발표 작가의 외연을 넓히는 데 노력하였다.

『신문학』이 비록 4집으로 중단 되었지만 종합문예지로의 품격을 갖춘 잡지일 뿐만 아니라, 동인지 시대에서 본격적인 전문 종합문예지 시대로 넘어가는 가교적 역할을 했음을 알 수 있다.

◆ 참고문헌

〈기본자료〉
1. 『신문학』 창간호, 광주문화사, 1951. 6. 1.
2. 『신문학』 제2집, 신문학사, 1951. 12. 1.
3. 『신문학』 제3집, 신문학사, 1952. 7. 15
4. 『신문학』 제4집, 신문학사, 1953. 5. 25.

〈단행본 및 논문〉
- 김동환, "초본과 문학교육―〈소나기〉를 중심으로", 『문학교육학』 제26호, 한국문학교육학회, 2008.
- 김현승, "전남 문단의 전망", 『신문화』 창간호, 1956. 07.
- 김현승, 『김현승시전집』, 시인사, 1974.
- 네이버 지식백과, 『국어국문학자료사전』, 한국사전연구사, 1998.
- 박태일, "목포지역 정훈매체 『전우』 연구―한국전쟁기 정훈문학 연구 1", 『현대문학이론연구』 제38집, 현대문학이론학회, 2009. 09.
- 박태일, "전쟁기 광주지역 문예지 『신문학』 연구", 『영주어문』 제21집, 영주어문학회, 2011. 02.
- 박태일, "황순원 소설 〈소나기〉의 원본 시비와 결정본", 『어문론총』 제59호, 한국문학언어학회, 2013. 12.
- 박형철 엮음, 『광주·전남 문학동인사』, 한림, 2005.
- 박홍원, "김현승의 인간과 시", 『전남문단』 1976년판. 이를 재수록한 다형김현승선생기념사업회 편, 『다형 김현승의 삶과 문학』, 2015.
- 백수인, "평론문학변천사", 『전남문학변천사』, 전남문학백년사업추진위원회, 1995.
- 백수인, 『대학문화의 역사와 의미』, 국학자료원, 2003.
- 손철, "광주·전남 문학의 연원을 더듬어 보면―신문학新文學 시절을 중심으로", 『光州文學』 제18호. 2001. 03.
- 손철, "신문학 시절", 『哲2』, 송정문화사, 1991.
- 이동순 엮음, 『박흡문학전집』, 국학자료원, 2013.

- 이동순, "시 전문지 『시정신』 연구", 『한국언어문학』 제93집, 한국언어문학회, 2015. 06.
- 이동순, "한국전쟁기 순문예지 『신문학』 연구", 『현대문학이론연구』 제43집, 현대문학이론학회, 2010. 12.
- 이동순, "해군목포경비부의 정훈잡지 『갈매기』 발굴의 의미", 『근대서지』 제8호, 소명출판, 2013년 하반기.
- 이동순, 『광주전남의 숨은 작가들』, 케포이북스, 2014.
- 조선대학교, 『朝鮮大學校 史料集』 제1집~제3집, 조선대, 1995
- 최덕교 편저, 『한국잡지백년』 3, 현암사, 2004.
- 허형만, "문학동인활동 변천사", 『全南文學變遷史』, 전남문학백년사업추진위원회, 1997. 483쪽.

백수인 전남 장흥 출생. 《시와시학》 등단(2003). 광주문학상 수상. 지역문화교류재단 이사장 역임. 한국언어문학회장. 한국문화예술단체연합 대표. 시집 『바람을 전송하다』, 『더글러스 퍼 널빤지에게』. 평론집 『시현대시와 지역문학』. 문학연구서 『소통과 상황의 시학』 외. 시론집 『소통의 창』 등. 현/ 조선대 명예교수.

발자국에
흐르는 시간 3

백수인

《조대신문》에 발표한 김현승의 시와 산문

김현승 시인은 한국전쟁 중인 1951년 4월에 조선대학교 문학과 교수로 부임한다. 숭일학교 교사와 교감을 거친 후 문단 활동에만 전념하던 그가 다시 대학의 교수로서 후학들을 가르치게 되었다. 조선대 문학과는 1946년 개교 이래 김기림이 '시론'과 '서양문예사조사' 등의 과목을 강의해 왔으나 그가 한국전쟁 중에 납북됨에 따라 그 빈자리를 김현승이 이어가게 되었다.

조선대에서 발행하는 《조대신문》은 그가 재직 중일 때인 1954년 9월 15일 창간, 당시 문학부장이던 극작가 장용건 교수가 관장하고 있었다. 김현승 시인은 조선대에 교수로 재직할 때는 물론 1960년 4월 숭실대로 옮긴 후에도 《조대신문》에 글을 발표했다. 지금까지 발견된 것은 《조대신문》에 두 편의 시와 네 편의 산문이다.

발표 순서대로 보면 다음과 같다.

1. 시 〈希望〉(《조대신문》 제3호, 1955년 7월 1일자, 4면)
2. 산문 〈世態論〉(《조대신문》 제4호. 1955년 9월 1일자, 2면)

3. 산문 〈中世文學序說〉(《조대신문》 제5호, 1957년 3월 15일자, 2면)
4. 산문 〈模倣論〉(《조대신문》 제6호, 1957년 6월 1일자, 2면)
5. 시 〈여름放學〉(《조대신문》 제8호, 1957년 7월 20일자 4면)
6. 산문 〈마라르메論〉(《조대신문》 제?호. 1961년 9월 15일자, 4면)

1. 시 〈希望〉

시 〈希望〉은 《조대신문》 1955년 7월 1일자에 발표한 작품으로 '희망'이라는 추상적 관념을 의인화하여 표현한 작품이다. 즉 '희망'을 2인칭 청자로 설정하여 화자가 청자 '너'에게 그의 속성을 형상화하여 건네는 담화 형식을 취한 시이다. 이 작품은 김현승 연구자들에게도 잘 알려지지 않은 작품으로 가장 최후에 엮은 『다형 김현승 전집』(다형김현승시인기념사업회, 2012., 이하『전집』)에 누락된 작품이다. 전문은 다음과 같다.

　　希望,
　　너의 잔뼈가 자라는 땅은,
　　언제나 거칠고 외로운
　　나의 마음

　　너를 세워
　　地表 위에 못 박으면,
　　너는 어둠에 빛나는 나의 十字架

　　너를 깊이
　　陰府에 파 묻으면

너는 또한 純金처럼 더욱 芳醇하여 지더라

希望,
바람과 같이 허망한 것,
燈불과 같이 꺼져가는 것에
生命을 불어 넣을 줄 알더라

별과 같이 아득한 것에
너는 體溫을 스며들게 할 줄도 알더라

그 꽃이 떨어지고,
그 그늘마저 질 때에도,
希望,
너는 와서 나와 함께 永劫의 後日을 위하여
오오, 그 거룩한 무덤을 지킬 줄 알더라

―〈希望〉 전문

『전집』에 실린 그의 시 작품 중 '희망'에 관한 시는 네 편이다. 〈希望이라는 것〉(『詩文學』 1965년 4월호), 〈希望에 붙여〉(『문학춘추』 1965년 11월호), 〈希望〉(『창작과비평』 1974년 봄호), 〈希望에 살다가〉(발표지 미상, 시집 『마지막 지상에서』, 창작과비평사, 1975)가 그것이다. 이들 중 제목이 다르지만 유사한 작품은 물론이거니와 제목이 같은 작품도 위에 소개한 《조대신문》의 〈希望〉과는 내용과 시적 발상이 전혀 다르다. 따라서 위의 시는 김현승의 '희망'에 관한 시 중 가장 이른 작품이라고 할 수 있다.

2. 산문 〈世態論〉

산문 〈世態論〉(《조대신문》 제4호. 1955년 9월 1일자, 2면)은 같은 제목 같은 내용의 글이 『전집』에 실려 있다. 《조대신문》의 글은 서지사항이 분명한데 반해 『전집』의 글은 '미상'으로 되어있다. 〈世態論〉은 컬럼 형식으로 유행에 따른 사치에 경도되어 가는 세태를 비판하고 주체성 확립의 중요성을 강조한 글이다. 그런데 세부적으로 살펴보면 내용은 약간 다르다. 두 글을 비교해 보면 《조대신문》에 게재했던 글을 나중에 부분적으로 고쳐서 다른 지면에 발표한 것으로 추정된다.

　　九月을 期하여 補身湯과 함께 나이론 衣裳들이 그 자취를 감추고 있다. 나이론이 奢侈品이냐 實用品이냐를 가지고 떠들던 때가 있었다. 事物에 대한 어떤 糾正은 그 事物 自體가 지니인 性格에 依하여 規定될 것이다.
　　그러나 境遇에 따라서 事物을 取扱하는 相對方의 態度 如何로써 그것이 規定지워 질 수도 있다.
　　나이론의 고장, 美國에서는 나이론은 是非의 餘地없이 實用品이다. 그것은 簡便이란 長點을 利用하기 위하여 勞動者나 旅行者들이 즐겨 使用하고 있기 때문이다. 그러나 우리나라에서는 이와는 正反對로 遊民婦人 餘裕 있는 家庭夫人들, 그리고 그에 該當하는 紳士들이 그들의 裝飾 趣味를 滿足시키기 위하여 나드리옷으로 입고 나오는 것을 보면, 또는 그러한 流行을 따르기 위하여 薄俸給의 主婦들마저 허턱 無理를 하여서라도 나이론 치마 한 감쯤은 마련해 놓은 것으로써 新世代 女性의 一員에 參加되는 듯 비로소 安堵의 한숨을 내어 쉬는 것을 보면 韓國的 現實에선 그것은 분명히 奢侈品일 것이 틀림없다.
　　여름철의 營養을 攝取키 위하여 거리에 돌아다니는 개마저 잡어먹어야 하는 가난하고 촌스러운 國民들인데 그래도 나이론 치마가 없으면 無爲한 여름을 지낼 수 없다고 생각하는 우리들이다.
　　그것이 어느 정도 믿어야 할 것인지 모르지만 우리 韓國만큼 奢侈品이 氾濫하는 나라도 많지 않다고 한다. 支線에서 支線을 몇 번씩 가라타고 돌아와야 닿는 매우 交通이 不便한 光州만보다라도 忠壯路는 그 店頭에 陳列하는 이름 모를 奢侈品

들에 依하여 나날이 變貌되어 가고 있다. 그것들의 거의 全部가 外來品인 것은 勿論, 그것들의 價格은 또한 우리나라의 普遍的 經濟 現實엔 어울리지 않는 높은 水準들이다. 奢侈品 自體는 有益한 것이지 害惡의 物体는 아닐 것이다. 그것은 必要한 사람들을 위하여 最善의 技術로써 製造되어 있다.

그러나 可能한 必要者에게는 그것들이 有益할지 모르지만, 不可能한 必要者들에게는 害惡을 끼칠 수도 있다. 必要性에 依하여 發生되지 않는 새로운 事物들은, 偶然한 價値 以上의 아무런 것도 가지지 못한다. 流行이나 模倣의 特質은 이윽고 사라져버리고 말 偶然한 價値에 머물고 마는 것이다. 새로운 事物들을 들여오기 위하여는, 그것을 받아들일만한 文化的인 그리고 經濟的인 準備가 먼저 마련되어 있어야 할 것이다. 個人의 境遇나 民族의 境遇도 그렇다. 다시 말하면 內面的인 必要에 의하여 새로운 形式들이 發生하게 되는 것이 進步의 順序이오 原則이다.

그러나 韓國의 奢侈品들은 韓國의 文化的인 內面의 必要에 依하여 들어온 것이 아닌 것들이 大部分이다. 이를테면 「오메가」 時計를 가지고도 이 事實을 證明할 수 있을 것이다.

요즘 「오메가」 時計는 一分도 틀리지 않는 最高價의 時計로 꾀 많은 사람들의 팔목에 걸려 있을 것이다. 그 大部分이 비록 中古品이기는 하지만…. 그러나 그들의 팔에선 「오메가」의 分針이 正確한 時刻을 째각거리고 있음에도 不拘하고 그들의 팔은 어느 會合이나 어느 約束 場所엘 가든지 언제나 「코리안・타임」이다. 그러한 市民은 적어도 「오메가」 時計에 있어선 不可能한 必要者임을 免치 못한다.

先在하는 正確한 時間槪念만이 文明한 社會에 있어서 「오메가」 時計를 發明케 하였고, 앞으로 原子力 時計의 出現을 꿈꾸고 있는 것이다. 世態를 論하려면 어찌 아이론 「오메가」 등에서 빚어지는 現象뿐인 것이랴? 그것들은 오히려 가벼운 程度에 屬하는 것들이 아닌가? 「탱고」 「지리바」 「맘보」 「헤프반」型…새로운 流行들과 새로운 事物들이 그리고 얼토당토 않은 思潮들이 물밀 듯 들어와 實로 外國風과 外國産이라면 辭讓의 美德을 모르는 우리나라의 市民諸君들이다. 國土의 三面이 바다가 되어서 우리들의 氣質은 언제나 머나먼 水平線 밖을 憧憬하는 것인가? 如何튼 앞으로 우리나라의 文化는 이러한 混亂의 收入時代를 거쳐 損失을 보아 가면서도 成長하여 갈밖에 없다. 그러므로 이러한 過程에 處한 社會에 있어 우리가 自覺해야 할 點은 主體性의 確立과 아울러 內面的 意識에 대한 徹底한 認識이다. 우리는 우리의 傳統과 民族的 主體의 立場에 서서 外國的인 것을 取捨選擇하여 들여야 할 것이다. 뿐만 아니라 어느 流行的 事物이나, 어느 機構나, 어느 制度를 莫論하고 거기에 隨伴되는 眞正한 精神을 吸收해 와야 할 것이다.

　甲午更張을 通하여 우리는 일찍이 近代主義 制度는 들여왔었다. 그러나 그 精神은 그 後 半世紀 以上을 지난 오늘날에도 아직 完全히 吸收된 것은 아니다. 이러한 歷史的 事實을 오늘에 효과 있게 살려, 이제는 反省의 材料로 삼아야 할 우리들이언만 그러나 오늘의 輕薄한 世態는 반드시 그렇지만은 아니하다.

―〈世態論〉 전문

　첫 문장은 "九月을 期하여 補身湯과 함께 나이론 衣裳들이 그 자취를 감추고 있다."로 시작된다. 『전집』에서의 첫 문장은 "6월을 기하여 보신탕과 함께 나이롱 의상들이 속속 등장하고 있다."이다. 전자는 글의 시간이 "補身湯과 함께 나이론 衣裳들이 그 자취를 감추"는 9월이고, 후자는 "보신탕과 함께 나이롱 의상들이 속속 등장하고" 있는 6월이다. 이 문장으로만 따지면 얼핏 『전집』의 글이 먼저이고 《조대신문》의 것이 나중의 것으로 보이지만 더 살펴보면 그렇지 않다. 《조대신문》의 글에서는 "支線에서 支線을 몇 번씩 가라타고 돌아와야 닿는 매우 交通이 不便한 光州만보더라도 忠壯路는 그 店頭에 陳列하는 이름 모를 奢侈品들에 依하여 나날이 變貌되어 가고 있다."는 문장에서처럼 '광주 충장로'의 모습을 서술하고 있지만 『전집』에서는 다르다. 『전집』에서는 "서울은 물론 支線에서 支線을 몇 번이나 갈아타는 지방도시들에서도 그 메인스트리트는 그 점두에 진열하는 이름 모를 사치품들에 의해서 나날이 변모되어 가고 있다"라고 서술하여 그 초점을 '서울'에 맞추고 있다. 따라서 후자의 글은 김현승 시인이 조선대를 떠나 서울의 숭실대로 직장을 옮긴 후에 어느 매체에 게재한 것으로 추정할 수 있다. 표기법이나 문장의 서술 방식을 살펴보아도 『전집』의 글이 다듬어졌음을 알 수 있다. 그렇지만 본래《조대신문》에 쓴 원래의 글을 살피는 것도 중요한 의의가 있다고 본다.

3. 산문〈中世文學序說〉

1957년 3월 15일자《조대신문》에 실린 글이다. 이는 제목에서도 짐작할 수 있듯이 서양문학을 독자(학생)들에게 소개하는 학술적 서술이다.〈中世文學序說〉이라는 제목에서도 알 수 있듯이 서양의 중세문학을 설명하는 단초로서 본격적인 논의에 앞선 개괄적 설명의 글이라고 볼 수 있다. 이 글도『전집』에는 미수록된 것이어서 새로이 밝히는 데 의의가 있다고 본다.

> 中世는 政治的으로는 게르만族이, 思想的으로는 基督敎의 文化가 歐羅巴를 支配한 時代이다. 그 期間은 確然한 區分은 不可能하지만 大體로 歷史의 特別한 事件에 結付시켜 西로-마 帝國이 滅亡한 紀元 四七六年으로부터 東로-마帝國이 終末을 告한 一四五三年까지 一千年에 宜 한다.
> 十世紀 乃至 十一世紀頃의 歐羅巴에는 두 가지 큰 歷史的 事實이 展開되고 있었다. 이 두 가지 事實은 相互結付되어 이른바 헤브라이즘의 태두를 보게 되었다, 그 한 가지 事實은 小亞細亞地方에서 비롯한 基督敎의 勢力이 漸次 歐羅巴에 波及되어 完全한 思想的 支配權을 確立한 것이며 다른 한 가지

事實은 게르만族이 歐羅巴에 侵入하여 로-마의 旣成勢力을 滅亡시키려 各地에 分布되어 새로운 民族國家를 形成하고 그들의 言語를 整備한 그것이다. 그러나 注意할만한 事實은 歐羅巴를 制霸한 게르만族은 征服地의 先進文化 基督教文化에 感化되었던 것이다.

다시 말하면 게르만族의 歐羅巴 制霸로 因하여 基督教 思想의 勢力은 로-마 統治時代보다도 强化되고 生活化되어 드디어는 中世仇羅婆文化의 本質을 形成하기까지에 이른 것이다. 이 中世 歐羅巴文化의 本質인 헤브라이즘은 한 마디로 要約하면 神 中心의 思想이다. 이 思想을 希臘에서 冀願한 人間情中心의 헬렌이즘과는 그러므로 對蹠의 關係에 서게 된다. 中世紀를 가리켜 歷史上 흔히 暗黑時代라고 부르는데 이는 헬렌이즘의 人文主義的 立場에서 그 反對便─卽 神의 權威를 人間의 權威 위에 두고 個性을 中心으로한 自由檢討의 精神을 拒否하는 헤브라이즘이 支配하던 中世紀에 對한 呼稱이다. 헤브라이즘의 立場에서 보면 神을 모르고 墮落한 人間들이 地上을 支配하는 헬렌이즘 中心의 時代를 暗黑時代라고 부르게 될지도 모른다. 結局 人類의 文化는 豐富한 天分과 아름다운 地上의 生活을 代表하는 헬렌이즘과 眞摯熱烈한 超地上的 生活을 代表하는 헤브라이즘의 戰爭史라는 原理에 立脚하여 또는 歐羅巴의 近代文學이 實際로 希臘以來 兩大 思潮의 衝突과 反撥과 交流와 妥協 가운데서 形成되었다는 歷史的 事實을 考察할 때 中世紀의 文學을 헤브라이즘의 立場을 取하는 그 獨自的인 意義와 價值를 가졌다고 말할 수 있다.

物質文明이 高度로 發達되면 될수록 人心과 道義는 腐敗하고 生活苦는 加重되어 精神의 慰安과 平和를 더욱 渴望치 않을 수 없는 歷史的 現實을 目睹할 때 그것은 더욱 그러하다. 그럼에도 不拘하고 基督教가 勝한 中世를 가리켜 人類文化史上 어찌하여 暗黑時代라고 부르는가? 그 非難의 理由는 基督教의 眞理 그 自體에 있지 않다. 그것은 그 眞理를 그릇 運營한 그 制度에 있는 것이다. 眞理를 惡用한 人間에게 있는 것이다.

그 人間은 누구인가? 그 人間이야말로 人間의 自由와 理性을 유린하고 偏狹한 독마와 카논法에 强制로 屈服케한 救靈의 神聖한 使命을 버리고 政治와 內紛에 關與한 免罪符로써 不義와 財

産을 蓄積한 潔白과 獨善을 자랑하면서 私生兒를 分娩시킨—한 마디로 要約하면 神을 冒瀆하고 人間을 犧牲시킨 當代의 特權階級인 法王과 監督과 승려와 그들의 退勢者들이었던 것이다.

이러한 特權階級의 非行이야말로 中世 基督教의 羞恥스러운 一面이었으며 그들의 非를 合理化 시키고 그 特權을 恣意로 行事함에 있어 要求되는 先行條件은 國民의 無智 그것이었다. 國民의 無智—이러한 目的을 達成키 爲하여 國民에게 文學에 對한 自由創造의 機會를 許與치 않았던 것이다. 이러한 理由에 依하여 中世에 있어 文學은 窒息 당할 수밖에 없었던 것이다.

中世는 이러한 宗教的 特徵뿐만 아니고 또한 政治的 特徵으로서는 封建的 制度와 그러한 社會的 環境下에 놓여 있었다. 廣大한 로―마 帝國의 嶺土는 新興 게르만族의 侵犯으로 因하여 君主들은 그 主權을 維持할 수 없게 되었고 法王의 膨脹하는 勢力은 이들 君主의 頹勢에 拍車를 加하여 이러한 結果 各處에 諸侯들의 亂立을 보게 되고 領主와 領主 사이의 對立混戰의 樣相을 나타내게 되었다.

上述한 中世의 政治的 宗教的인 時代의 特徵들이 文學에 反影되어 中世의 文學은 特異한 條件下에서 各各 다음과 같은 諸 樣相으로 나누어지게 된다.

(1)

武勳敍事詩와 傳奇敍事詩……前者는 國內的인 것, 後者는 異國的인 것으로 兩者의 敍事詩가 모두 그 素材를 戰爭에 關한 武勳에서 取한 点은 同一하다.

中世의 前半은 上述한 바와 같이 게르만族의 侵入에 依하여 歐羅巴의 原住族과의 사이에 戰爭이 展開되며 새로운 民族의 形成이 整理되던 時期이므로 이러한 時代에는 各種의 武勳談이 盛行될 수밖에 없으며 그 武勳의 國內的인 것과 異國的인 것이 各各 武勳敍事詩와 傳奇敍事詩로서 表現되었다. 그 가장 代表的인 作品으로 獨逸의 〈니베론겐의 노래〉, 佛蘭西의 〈로란의 노래〉, 佛蘭西의 〈聖杯傳說〉(圓卓의 傳說), 英國의 〈비울푸〉 등이다.

(2)

騎士文學…三世紀 以上에 亘하여 繼續된 十字軍戰爭은 中

世의 封建制度를 崩壞케 한 遠因이 되었으나 이 戰爭으로 因하여 많은 騎士들은 時代의 寵兒와 英雄으로 登場하게 되었으며 이러한 生活의 主人公으로서 그들의 特有한 生態는 婦女尊重이란 美德을 通하여 나타났다. 그러므로 騎士文學은 主로 變愛를 素材로한 熱情的인 抒情詩가 그 主要한 本質이다.

(3)

庶民文學…中世의 後半에서 末期에 이르는 동안 封建的 制度가 倒壞되면서 漸次로 對頭된 平民階級을 中心으로 일어난 文學으로서 充分히 敎訓的인 特色과 아울러 諷刺性 惑은 諧謔性을 띠웠다.

그 代表作으로는 敎訓的 僚所가 많은 〈장미단〉과 諷刺性이 濃厚한 〈여호譚〉 등이다.

(4)

純基督敎文學…中世文學 全般이 그 기저에 기독교적 색조를 띠우고 있으나 그 중에서는 특히 僧促들에 依하여 聖經의 이야기를 直接 素材로 使用하던가 敎理를 論하던가 또는 信仰感情을 노래한 純宗敎詩와 같은 全然 基督敎的인 文學作品이 있다. 예를 들면 카드론(英)의 〈創世記〉, 시네울푸(英)의 〈쥬리아나〉, 오므리드(獨)의 〈福音香〉 등이다.

—〈中世文學序說〉 전문

이는 학술적 논설로서 문학도들에게 서양의 중세문학을 이해시키고자 하는 의도를 가진 글이다. 1950년대에 서술한 글이라는 점을 감안한다면 이 글은 당시에는 비교적 참신한 학술적 서술이었을 것으로 보인다.

4. 산문 〈模倣論〉

이 글은 《조대신문》 1957년 6월 1일자에 실린 학술적 칼럼이다. 아리스토텔레스의 모방론 이후 플라톤에 대한 비판적 논리를 소개하고, 바람직한 것은 '모방'의 단계를 거쳐 '창조'에 이르러야

예술적 가치를 갖는다는 주장을 담고 있다. 이 칼럼도 『전집』에 미수록된 글이어서 자료로서의 가치가 있다고 본다.

模倣이 知識의 出發과 根本이 되는 것은, 일찍이 「아리스토텔레스」가 指摘한 바와 같이 새삼스러울 것도 없다. 人間의 經驗이 이를 證明하고 있는 것도 또한 그가 指摘한 바와 같이 事實이다.

그러나 생각하면 模倣만큼 知識의 禍根이 되는 것도 드물 것이다… 模倣이 單純한 模倣에 그치고 마는 경우와 적어도 그러한 模倣者들에게 있어서는 이러한 模倣은 知識의 混沌한 出發은 될지언정 知識의 發展과 完成을 이룰 수는 없다. 模倣에서 出發은 하였으나 그 出發의 過程을 뛰어넘어 創造의 世界로 飛躍함에 있어 비로소 知識은 有意하게 發展되고 文化는 形成될 수 있기 때문이다.

模倣이 單純히 對象物의 形態나 表面에 執著되어 있을 때 그것은 無意味하고 더군다나 그 對象이 有害한 것일 때 그것은 惡하기까지 한다. 그러므로 이러한 假象의 模倣을 일삼는 藝術家나 詩人들은 憎惡할만한 存在로서 「플라톤」은 그가 設定한 理想國家로부터 그들을 逐放하고 말았다. 이러한 「플라톤」의 誠實한 態度는 同情하고도 남을만 하다. 다만 그의 不足과 過失은 模倣의 本質을 그렇게도 淺薄하게밖에 볼 줄 몰랐던 그곳에 있다. 이러한 早急하고 淺薄한 見解를 是正하고 模倣의 本質을 創造의 世界에까지 끌어 올려 眞摯한 論理를 展開시킨 것은 「아리스토텔레스」 다운 知慧와 理解力이다. 知識이 人間이 가진 模倣의 本能으로부터 出發하는 것은 事實이다.

그러나 人間에게로 同時에 模倣의 産物에 대한 기쁨을 느끼는 本能도 있다. 그런데 그 模倣의 産物을 앞에 놓고 기쁨을 느끼는 경우에 우리의 기쁨은 그 模倣物이 對象과 얼마나 꼭 같으냐에 서가 아니라 그 模倣物 가운데 模倣者의 性格이 어떻게 表現되어 있느냐에서 우러나오는 것이라고 하였다.

現代的인 用語로써 말하면 한 개의 作品에 나타나는 作者의 個性—이것은 곧 藝術이란 表現의 産物임을 意味하고 이

主觀의 産物임을 意味하고 이 主觀의 創造的인 活動에 依하여 模倣의 對象인 素材는 變形되고 生命이 賦與되어 模倣者의 獨自的인 創造性을 通하여 發見하는 그곳에서 우리는 새로운 價値를 獲得하게 된다는 것이다.

가령 一例를 聲樂研究에서 빌려본다면 聲樂을 배우는 弟子가 처음에는 그 音聲과 唱法에 있어 스승을 模倣함에 未及하다가 급기야는 스승과 同等의 聲量과 唱法을 習得할 수 있을 것이다. 그러나 이 音樂學徒가 眞正한 秀才라면 그가 期待할 수 있는 다음 段階는 아무와도 다른 그 自身의 獨特한 音聲과 唱法으로써 그 스승까지도 능가할 수 있는 새로운 創造일 것이다. 解放 後 우리 民族은 率直히 告白하여 모든 文化的인 面에 있어 模倣의 段階에 있다. 생각하면 模倣의 段階에 놓여진 그것만도 幸運의 선물일찌 모른다. 日帝의 四壁에 包圍되어 모방의 通路마자 杜絶되었던 때를 생각하면 말이다.

지금은 甚至於 頭髮이나 춤추는 발끝까지 모방의 물결이 밀려들어 온 것을 우리는 쉽사리 아라볼 수 있다. 모방의 波濤가 뛰놀대로 뛰는 後에 그러한 마음의 바다가 가라앉을 일인지도 모른다. 政治 經濟 文化…모든 面에 있어 不遇하고 後進된 우리의 社會인 만큼 先進文化를 본뜨는 모방의 段階를 아니 거칠 수는 없을 것이다. 그러치만 海外의 文化를 모방함에 있어 우리들 自身이 韓民族의 理想國家에서 逐放을 當할 만큼 淺薄한 모방 國民이 되어서는 아니된다. 모방에서 出發하여 獨創의 世界로 自身의 文化를 形成하여 가는 國民―다시 말하면 主體力이 强한 國民의 立場에서 世界의 文化를 吸收하고 攝取하는 이러한 自覺과 活動 가운데서 우리는 歷史的 創造의 기쁨을 누릴 수 있을 것이다. 모방의 現段階를 지나 半世紀나 혹은 一世紀 後에 우리 自身들이 對面하게 될 우리의 模倣의 産物을 通하여 우리는 果然 어느마한 興味와 기쁨을 느낄 수 있을 것인가? 그때의 우리 民族은 模倣者로서가 아니라 創造者로서의 뚜렷한 性格을 우리가 創造한 文化的 遺産 가운데서 어느 만큼 發見하는 기쁨을 누릴 수 있을 것인가? 이러한 民族의 未來와 結付시켜 우리들 自身의 現在를 깊이 省察할 때 우리의 一擧一動에서 文化的 創造의 自覺을 한때라도 忘却할 수는 없을 것이다.

―〈模倣論〉 전문

이 칼럼에서도 읽을 수 있는 김현승 시인의 정신이다. 그는 '모방'을 이론적으로 설명하면서도 '민족의 문화'를 생각한다. 즉 우리 민족 자신의 문화를 형성하여 갈 때 중요한 요인으로 독창의 세계를 창조해 가는 역량이 있어야 한다는 것이다. 강한 주체력을 바탕으로 세계의 문화를 흡수하고 섭취하는 역사적 창조의 기쁨을 누려야 함을 강조하고 있다. 또한 그는 시간적으로 '현재', '현실'에만 머무르지 않고 항상 '미래'를 전망하고 그 시간에 훌륭하게 도달할 수 있는 길을 제시한다. 따라서 그는 '역사적 창조'에 방점을 찍고 있는 것이다.

5. 시 〈여름放學〉

시 〈여름放學〉은 《조대신문》 1957년 7월 20일자에 실린 작품이다. 그런데 이 작품은 이미 1956년 《현대문학》 8월호에 발표된 것이다.(『전집』의 작품 연보와 김인섭, 『김현승 시인의 생애와 시세계』, 한림, 2021., 310쪽) 두 텍스트를 비교해 보면 크게는 대동소이하지만, 그 다름이 중요한 의미를 갖는다고 볼 수 있다. 일단 《조대신문》에 발표한 작품의 전문은 다음과 같다.

소낙비의 珍味를 맛보는 時間이다

막혔던 폭포와 波濤와 저 雨雷들의
우람한 목소리가 귓전에 울려오는 時間이다

끊어졌던 地平線과 부프는 平野들의

無限한 숨소리가 다시금 들려오는 時間이다

汎愛의 저 풀잎들과 구름들 그리고 적은 돌멩이 마저
하나 하나 生命의 結晶體로 먼 곳에서 빛나는 時間이다

豫言者모냥 앞서 가는 먼―길들이 새로운 靑春들을
저 光明의 황홀한 肉體―太陽의 現場으로 案內하는 時間이다

交通道德이 존중되어야 할 時間이다
四寸들이 그리운 얼골이 가까워 오는 時間이다

먼 海灣의 入口에서 沐浴하는 時間이다
雄辯術이 느는 時間이다

壓縮되기 쉬운 論理를
自然 속에 開放하는 時間이다

假設의 制約을 넘어 낡은 制約을 넘어
새로운 開拓의 自由律을 노래하는 時間이다

眞理는 構築되고 還元되어야 할 것이다
진리는… 진리는…

中斷을 의미하는 時間이 아니다
連結을 더욱 強化하는 시간이다

希望과 情熱 餘裕와 自然은 언제나 우리 곁에 있어야 한다
우리가 弱할 때 여름은 즉시 돌아와야 한다

무성한 여름은… 여름은…

―〈여름放學〉 전문

발표, 게재된 순서에 의하면 『현대문학』에 발표했던 작품을 약

1년여 후에 《조대신문》에 개재한 것이다. 두 텍스트를 비교하면 다음과 같다.

연	현대문학	조대신문	비고
1	소낙비의 珍味를 맛보는 時間이다.	소낙비의 珍味를 맛보는 時間이다	동일함
2	막혔던 폭포와 波濤와 저 雨雷들의 우람한 목소리가 귓전에 울려오는 시간이다.	막혔던 폭포와 波濤와 저 雨雷들의 우람한 목소리가 귓전에 울려오는 시간이다	동일함
3	끊어졌던 水平線과 넓은 廣野의 無限한 숨소리를 다시금 듣는 時間이다	끊어졌던 地平線과 부프는 平野들의 無限한 숨소리가 다시금 들려오는 時間이다	상이함
4	汎愛의 저 풀잎들과 구름들, 그리고 작은 돌멩이 마저 生命의 結晶體로 하나 하나 먼 곳에서 빛나는 時間이다.	汎愛의 저 풀잎들과 구름들 그리고 적은 돌멩이 마저 하나 하나 生命의 結晶體로 먼 곳에서 빛나는 時間이다	상이함
5	交通道德이 존중되어야 할 時間이다 四寸들의 그리운 얼굴이 가까워 오는 時間이다.	豫言者모냥 앞서 가는 먼―길들이 새로운 靑春들을 저 光明의 황홀한 肉體―太陽 現場으로 案內하는 時間이다	5,6연이 바뀌었고
6	豫言者 모양 앞서 가는 먼길들의 구름을 넘어 영원히 灼熱하는 황홀한 肉體―저 太陽의 現場으로 工事者들을 案內하는 時間이다.	交通道德이 존중되어야 할 時間이다 四寸들이 그리운 얼골이 가까워 오는 時間이다	상이함
7	雄辯術이 느는 時間이다 먼 海灣의 入口에서 沐浴하는 時間이다	먼 海灣의 入口에서 沐浴하는 時間이다 雄辯術이 느는 時間이다	행의 순서 바꿈
8	壓縮되기 쉬운 言語들을 自然의 行動 속에 開放하는 時間이다.	壓縮되기 쉬운 論理를 自然 속에 開放하는 時間이다	상이함
9	假設의 制約을 넘어, 制約을 넘어, 득의의 새로운 주체율을 노래하는 時間이다.	假設의 制約을 넘어 낡은 制約을 넘어 새로운 開拓의 自由律을 노래하는 時間이다	상이함

10	眞理는 構築되고 還元되어야 할 것이다. 工事者들은 眞理를, 眞理를,	眞理는 構築되고 還元되어야 할 것이다 진리는… 진리는…	상이함
11	中斷을 의미하는 時間이 아니다, 연결을 더욱 强化하는 시간이다.	中斷을 의미하는 時間이 아니다 連結을 더욱 强化하는 시간이다.	동일함
12	希望과 정열이 비취는 곳—餘裕와 自然은 우리들의 그늘이어야 한다. 우리가 弱할 때 여름은 즉시 돌아와야 한다.	希望과 情熱 餘裕와 自然은 언제나 우리 곁에 있어야 한다 우리가 弱할 때 여름은 즉시 돌아와야 한다	상이함
13	무성한 여름은… 여름은…	무성한 여름은… 여름은…	동일함

이 두 텍스트를 비교함으로써 김현승 시인의 개작 과정을 짐작해 볼 수 있다. 또한 두 텍스트 중 어느 것을 〈원본〉으로 삼을 것인가도 숙려해 볼 문제이다.

6. 산문 〈마라르메論〉

산문 〈마라르메論〉은 《조대신문》 1961년 9월 15일자에 실린 글이다. 김현승 시인은 이 글에서 상징주의 시의 개괄적 특징과 상징주의에서 마라르메(Stéphane Mallarmé)의 사조적 위상을 설명하고 있다. 김현승 시인은 마라르메를 보드레르(Charles-Pierre Baudelaire), 베를레느(Paul Verlaine), 랭보(Jean-Nicolas-Arthur Rimbaud)의 특성들을 하나의 통일된 흐름으로 만들어 놓은 시인으로 평가한다. 즉 말라르메는 이러한 대표적 시인들의 경향을 수용하고 집성한 상징파의 이상을 확립한 최초의 시인이라는 것이다. 이와 같은 서론에 해당하는 설명 다음에 세부적으로 '마라르메의 난해성'을 설명해나가고 있다. 원문은 다음과 같다.

破壞할 것은 破壞하고 解決할 것은 解決하여 表面上 妥協的인 平靜한 狀態가 完全히 攪亂되어 버린다. 이것은 곧 革命的인 態度이다. 그러기에 象徵主義의 詩를 가르켜 한 마디로 主觀革命이라고 말하는 이도 있다. 革命에는 두 가지 面이 있다. 卽 破壞와 建設의 兩面이다. 象徵主義의 特徵 가운데 頹廢的 傾向이라고 부르는 것은 이러한 破壞作用을 가르키는 것이다.

한편 이러한 破壞와 攪亂을 收拾하여 再建치 않고 그대로 놓아두면 意識은 統一을 잃은 狀態 그대로일 것이다. 破壞된 意識은 再建統一 되어야 한다. 再建統一된 이 경우의 意識의 狀態는 日常의 妥協的인 凡俗한 平靜은 이미 아니다. 一層 緊張의 度를 加한 一層 强力한 制御力을 가진 統一狀態가 아니면 아니 된다. 表面的이고 日常的인 모든 意識을 破壞하고 解放시킨 自在로운 狀態 가운데서 다시 그것들을 一層 强力하게 새로이 統一한 意識狀態 卽 深奧한 意識을 表現하려던 過去에 使用되던 平凡한 用語를 가지고는 到底히 不充分하게 된다. 그러한 用語들은 表面的 事象을 再現 描寫하기에는 適合할지 모르나 이 새로이 統一된 深奧한 意識生活이 經驗을 表現하기에는 不適當하다. 그러므로 이러한 再建 統一된 經驗 內容을 表現하기 위하여는 不可不 象徵의 平均을 取하게 된다. 이것이 곧 主觀革命에 있어서의 再建의 面인 象徵의 世界이다. 보오드레르의 『交感』(照應이라고도 함)과 같은 詩는 이러한 再統一의 象徵界를 代表할만한 作品이다.

이와 같이 神祕하고 深奧한 意識世界를 建設함에는 凡俗과 平靜을 打破하는 强烈한 突破力과 그 脫出의 앞길에 動하는 神奇한 物象에 迷惑을 느끼는 새로운 戰慄과 그 戰慄의 地獄으로부터 다시 解脫하여 나오는 勇氣와 그것들을 統一해가는 勇敢한 努力이 要求된다. 이러한 主觀革命이야말로 十九世紀 末에 있어서 佛蘭西의 詩歌로 하여금 地層의 깊은 곳으로부터 世界의 表面에 偶然히 피어나게 한 完全히 새롭고 異香이 풍기는 怪花가 피게 하였으며 이것이야말로 象徵派 詩의 本質이다. 그리고 이 派의 先驅者로서 그 苦惱와 解脫을 가장 힘있게 體驗한 男性의 象徵詩人이 보오드레르이고 그 破壞와 再建을 主로 音樂의 흐름 가운데 求한 사람이 베르레ー느이고 또는 그 苛然한 意識을 가지고 主觀의 徹底한 革命을 遂行한 사람이 람보이라면 마라르메는 該派의 長老格으로서 보오드레―르의 苦悶과 베르레―느의 煩惱와 람보의 暴風을 經驗하면서 그것들을 凝視하고 靜止한 가운데 그것들을 한 개의 統一된 흐름으로 만들어 놓은 詩人이다. 그의 안에는 보오드레-르의 苦惱와 撥亂과 高踏派의 成形의 彫刻의 傾向이 共存하여 있으며 그는 그 苦惱를 充分히 누르고 그 靜止에 움직임을 주고 그 苦惱의 亂舞를 律動의 狀態로 引導할 줄 알았다. 그는 모든 傾向을 받아드리고 集成하여 詩로써 散文으로써 惑은 評論으로써 처음으로 象徵派의 理想을 確立한 詩人이다.

(마라르메의 難解性)

마라르메의 詩는 難解하기로 定評이 있다. 마라르메의 詩는 너무도 難解하기 때문에 그의 生存時에는 少數에게 評을 받고 大多數에게는 批判을 받았던 것이다. 그러니 그의 死後 마라르메의 詩는 漸漸 많은 讀者를 갖게 되었다. 이 難解性은 同時에 마라르메의 特色이기도 하다. 그러기 때문에 마라르메 論의 難解性을 究明하는 것은 곧 마라르메 詩의 特色을 究明하는 것이 될 수도 있다.

마라르메 自身은 象徵主義의 本質에 對하여 다음과 같이 말하였다.

사물을 靜思宴想하여 그에 依하여 喚起되는 心中의 幻像이 나래를 펼 때 그것이 곧 노래가 된다. 自然主義 時代의 高踏派 詩人들을 事物의 全部를 細密히 敍述함으로써 삿삿이 말하여 버리기 때문에 神祕적인 곳이 조금도 없다. 따라서 讀者는 자신이 창작할 때에 느끼는 것과 같은 愉快感을 이러한 詩에서는 到底히 얻을 수 없다. 事物을 指摘하여 일일이 明瞭하게 말하여 버리는 것은 詩興의 四分之三을 滅殺시키는 것에 지나지 않는 것으로 조금씩 漸次로 推量하여가는 그곳에서야말로 詩의 感興이 일어나게 되는 것이다. 元來 暗示는 이가 곧 幻像이어서 象徵이란 畢意 이 不可思議한 作用이 가장 完全하고 效果的으로 사용된 것에 다름없다. 意識의 어떤 狀態로 表示하기 爲하여 조금의 事物을 불러 이르키고 或은 이와는 反對로 어떤

事物을 가지고 여러가지로 이를 解釋한 끝에 어떤 意識의 어떤 狀態를 그것으로부터 遊離시키는 이것이 곧 象徵이다』

그 다음 美國의 批評家 사이몬즈는 마라르메의 詩作順序에 對하여 이렇게 說明하였다.

「明白히 하는 것은 破壞하는 것이다. 暗示함이야말로 創作하는 것이라고 이것이 말라르메의 主張이다. 또는 詩라는 樹木이 울창한 森林 그 自體가 아니고 이를테면 森林의 괴괴함이랄지 잎사귀에 부디치는 靜寂이랄지를 느끼게 해야 하는 것으로 이밖에 다른 것을 取扱하면 옳지않다고 그는 말한다. 그래서 森林의 괴괴함이라는 한개의 느낌을 가지고 그는 맨처럼 腦裡 가운데 그것을 리듬으로 만든다. 그것은 아직 言語 以前의 狀態이다. 그러면 그로부터 思想이 漸漸 그 느낌 위에 凝集하기 비롯한다. 발소리를 죽이고 조심 조심 注意에 注意를 거듭하면 이 言語가 처음에는 沈默 가운데 그곳에 나타난다. 그런데 이 言語라고 하는 것은 神聖을 깨트리는 것이어서 그것이 明瞭하게 되면 될수록 最初의 느낌은 점점 稀微하게 되고 만다. 다만 리듬만은 남아있는 것으로 거기에 依托되어 言語는 하나씩 하나씩 나아와 使命을 傳한다. 이리하여 하나의 詩가 되었다고 본다. 그런데 그것은 아직 極히 不完全하기 때문에 全體의 脈絡도 알 수 있고 構造도 理解할 수 있다. 大部分의 詩人들은 그것으로 詩는 완성된 것으로 만족하여 버리는데 마라르메의 境遇는 그렇지 않고 여기서부터 詩作의 一步 시작되는 것이다. 卽 그로부터 言語를 하나 하나 加工하여 이 言語의 빛갈은 나쁘다고 하여 그것을 갈아내고 저 言語는 音이 나쁘다고 하여 그것을 갈아넣곤 한다. 처음에 使用한 心像보다 더 훌륭한 것이 마음에 떠오르면 그것으로 바꾼다. 이렇게 하여 드디어 참으로 詩가 完結되었을 때에는 최초 想에서부터 여기까지의 作詩의 經路는 全혀 亂脉이 되어 버리고 아무런 흔적도 남지 않는다. 詩人 自身만은 最初의 發想으로부터 이 詩가 완성되기까지 그 하나하나의 連絡을 整然히 알 수가 있을 테이지만 讀者의 便에서는 最初의 結果만을 보여졌기 때문에 무엇인가 마치 수수께끼를 내어놓고 그것을 풀 수 있는 關鍵은 빼앗긴 것과 같은 五里霧中 가운데 讀者가 방황하게 되는 것은 無理도 아니다.」
　다음은 마라르메의 詩〈에로디―야―드〉의 詩的 價値를 마라르메의 詩를 評價한 봐레리의 말을 引用한다.(계속)
　　　　　　　　　　　―〈마라르메論〉연재 1회분 전문

　글의 흐름과 원고 말미에 '계속'이라고 밝히고 있는 것을 보면 '연재물'이라는 것을 알 수 있다. 그러나 《조대신문》은 제18호(1960년 3월 15일자) 이후 호수가 없는 신문을 두 번 발행했는데, 이 글이 실린 1961년 9월 15일자와 1961년 11월 4일자가 그것이다. 그리고는 제81호 1962년 4월 5일자부터 발행된 것으로 되어있다. 따라서 이 글의 연재가 계속되었는데 신문 자료가 없는 것인지 애초부터 신문을 발행하지 못하여 연재가 이어지지 못했는지는 알 수가 없다. 그러나 4·19혁명 이후 학생들의 자치로 발행된 신문들을 나중에 재단에서 수거하여 모두 불살라버렸다는 말도 전해져 내려온다. 또 한 가지는 이 글은 김현승 시인이 숭실대학으로 옮긴 후에 게재한 것으로, 적을 옮긴 후에도 조선대와는 계속 관계를 맺어 온 것을 알 수 있다.

　조선대에서는 "전국남녀고등학생 문예작품현상모집" 행사를 해왔는데 《조대신문》 84호(1962년 12월 3일자)와 《조대신문》 97호(1964년 12월 5일자)에 당선작 발표와 김현승 시인의 심사평이 실려 있다. 이로 미루어 볼 때 수년간 시부문 심사를 맡았을 것으로 추정된다.

7. 그밖에 《조대신문》 기사들

　이밖에 《조대신문》 제9호(1958년 1월 1일자) 4면 신간소개 난에 김현승 교수의 시집 『金顯承詩抄』의 출간 소식을 알리는 1단

기사가 있다. 장용건 교수가 쓴 이 기사의 전문은 다음과 같다.

> 『金顯承詩抄』
> 金顯承教授著
> 오래 期待되어 오던 文學科 金顯承 教授의 詩集『金顯承詩抄』가 文學思想社 板으로 出刊되었다. 우리나라 屈指의 著名 詩人으로 알려진 金教授의 이 詩集에는 〈눈물〉〈푸라타나스〉를 비롯하여 詩壇生活 二十餘年의 結晶인 三十篇의 珠玉같은 佳篇이 收錄되어 있는 바 香氣 높은 抒情과 그 深奧한 思想은 非單 文壇的인 收穫일 뿐만 아니라, 一般 讀書界에 보기드믄 近來의 良書임을 믿어, 詩學徒는 勿論, 學生諸君의 一讀을 敢히 권하는 바이다.
> (張龍健)

이 기사에 이어《조대신문》제10호(1958년 3월 15일자) 4면에 〈名詩鑑賞〉난에 "金顯承詩抄에서"라는 제목 아래 〈눈물〉, 〈나무와 먼길〉, 〈離別에게〉 등 세 편의 시를 소개하고 있다. 이 무렵《조대신문》에는 이수복 시인(당시 문리대 강사)의 시와 산문, 오지호 화백(당시 미술학과 교수) 수필, 임효순 시인(당시 재학생), 장정식 수필가(재학생), 조희관 수필가(당시 강사), 문병란 시인(당시 재학생), 박경석 시인(당시 재학생) 등의 글들이 실려 있다.

김현승 시인이 작고하기 약 1년 5개월 전에 발행된《조대신문》제218호(1973년 12월 15일자)에 인터뷰 기사가 실려 있다. 기사와 함께 조선대 본관 중앙 현관에 서서 찍은 사진이 게재된 것으로 보아 조선대를 방문했던 것으로 보인다. 당시 재학생으로 등단한 작가인 설재록 기자의 기사다. 그 전문은 다음과 같다.

故鄉에 온 孤獨과 가을의 詩人

茶兄 김현승씨
"죽을 때까지 詩 쓸 터"
마지막으로 無等 더 보고파
「朝大文學」 韓國文學 빛내기를

"창을 사랑한다는 것은, 눈부시지 않아 좋다… 맑은 눈은 우리들, 내일을 기다리는 빛나는 마음이기에…" 스산한 초겨울 바람이 살갗을 스치고 캠퍼스에 창을 닦는 마음으로 조용히 찾아오신 茶兄 김현승님을 만났다. 13~년 전 조선대학교에서 교편을 잡으셨던 김현승님은 그의 작품 〈창〉에서처럼 눈부시지 않아서 기자에게 친근감을 안겨 주었다.

▲ 고향을 떠나신 지가 13~4년이 넘은 것으로 알고 있습니다. 그렇게 오랜만에 고향을 찾으신 소감을 말씀해 주시겠습니까?
―갑자기 고혈압으로 쓰러진 후 언제 타계할 지도 모른다는 생각이 들어서 죽을 때 고향의 모습을 눈에 띄어 보고 싶다는 센티멘탈한 감정 같은 것도 있었고 나의 건강에 대해 잘 알고 있는 진헌성 박사에게 진찰을 받기 위한 이유도 있었습니다.
▲ 10년이면 강산도 변한다는 옛말이 있습니다. 그때와 지금 조대의 모습은 어떻게 달라졌는지요?
―당시는 초창기라서 정돈 미비 상태였습니다.
지금 와서 보니 하늘과 땅 사이로 달라졌군요.
그러나 그때 그런 분위기 속에서도 우리는 더욱 분발했습니다.
▲ 건강이 매우 안 좋으시다는 이야기를 지상을 통해 들었습니다만…
―두뇌를 빼놓은 다른 신체 부분은 조금 좋아졌습니다. 숭전대학 전임강사로, 또 서울 시내의 서너 개 대학에 시간강사로 나가고, 일주일에 사흘씩 대전캠퍼스에 강의를 나가고 있을 정도로 우선해졌습니다만, 머리가 항상 무겁고 깨끗하지 못합니다.

▲ 朝鮮大學校 재직 시에 특별한 애환 같은 것은 없으셨는지요?

―즐거움이란 것은 후배를 양성해서 분명한 결실을 얻었던 것입니다. 그때 학생신분이었던 박홍원, 문병란 두 제자를 문단에 등용시켰습니다. 지금도 두 詩人들은 활동이 활발합니다.

또, 슬픔이란 것은 그때 당시 교내 일부에서 나를 오해했을 때였습니다. 그러나 세월이 흐르고 나니, 모두가 이해하게 되더군요.

▲ 참, 금년에 〈서울시문화상〉을 받으셨습니다만 저희들 생각에는 너무 늦었다는 생각이 들었습니다. 그밖에 수상하신 경력은?

―제 생각으로도 조금 늦었다는 생각이 들었습니다. 1934년에 등단해서 거의 40년이 흐른 1973년 수상했으니까. 고목에도 꽃이 핀다고나 할까요? 역시 상이라는 것은 작품 하나만 가지고서 받을 수 없는 것이라고 느꼈습니다.

실력을 갖추고 원만한 인간관계가 형성되어야만 하겠더군요. 그리고 이번 수상에 앞서서 조선대학교에 재직 시 전라남도 문화상을 받은 적이 있습니다.

▲ 선생님의 작품 속에는 '고독'이라든가, '가을' 등의 주제가 많이 나오고 있습니다만, 앞으로도 계속 그런 방향으로 詩作을 하시려는지요?

―지금까지 추구한 '고독'이나 '가을'은 그만 그치겠습니다. 시집 2권 모두가 그런 내용이었습니다. 인생의 방면은 여러 가지가 있는데, 그것과 다른 방향을 밟고 싶습니다.

▲ 그 다른 방향이 어떠한 것인지 말씀해 주시겠습니까?

―현재에는 그것을 대답할 단계는 아닙니다. 가치 있다고 생각되는 것을 모색 중입니다.

▲ 학생들에게 격려해 주고 싶은 한 말씀 부탁드릴까 합니다만…

―조대는 정든 고향에 있고, 또 내가 교편을 잡았던 곳입니다. 힘닿는 데까지 돕겠다는 결심이 서있습니다.

학생들은 더욱 열심히 공부해서 한국문단사에 훌륭한 업적을 남겨주길 바랍니다.

〈설재록 記者〉

1975년 4월 11일 김현승 시인이 작고하자《조대신문》제241호 (1975년 4월 21일자)에 추모 지면을 마련했다. 2면에 그의 제자 시인인 박홍원 교수의 추모컬럼 "故金顯承詩業, '孤獨'과 '信仰'의 詩人"을 실었다. 그리고 3면에 그의 만년의 작품〈인생을 말하라 면〉과 함께 기사를 실었다.

창이 열린 길로 가신 님
"죽을 때까지 詩作에 任하겠다"
朝大文壇·韓國文壇 빛내기를

    1973년 12월 스산한 초겨울 바람과 함께 고향을 찾아와 本校를 찾아줬던 茶兄 金顯承님이 11일 상오 학교(숭전대)에서 강의를 하다가 졸도하여 응급치료를 받았으나 끝내 영면하였다.
    金顯承님은 1913년 평양에서 出生하여 목사인 부친을 따라 光州에서 成長하여 평양 숭실전문학교 문과를 졸업, 학생시대부터 시를 發表하기 시작하여 1934년《동아일보》에〈쓸쓸한 겨울 저녁이 올 때 당신들은〉이 당선되어 5, 6년간 작품발표를 계속하였으나 그 후 붓을 들지 않다가 1946년부터 詩作活動을 다시 계속하였다.
    그는 엄한 기독교 가정에서 태어나 成長했기 때문에 信仰이 그의 人間과 詩 속에 베어들어 內面的으로는 강하고 풍부한 精神과 高潔한 영혼을 所有하고 있었다. 평소에 그는 커피를 혀로 맛보지 않아도 주전자 꼭지에서 따라져 나오는 그 빛깔만을 보고 그 맛의 정도를 능히 짐작할 수 있으리만치 커피 애호가였다. 그래서 그는 술은 한모금도 못하나 커피는 하루에도 10여 잔씩, 그것도 손수 끓여 마셨단다. 이렇게 茶를 좋아해서 친구들이 붙여준 號가 「茶兄」이다.
    한때 그는 고향인 光州 崇一高校, 朝鮮大學校에서 교편을 잡았으며 朝鮮大學校에서 교편을 잡았으며 朝鮮大學校에서 (1951~1960) 근무하실 때 후배 양성에 전력하여 제자 박홍원, 문병란 두 詩人을 문단에 등용시켜 全南文壇의 기틀을 확고하게 하였다.

지금까지 發表한 作品으로는 약 2백여 편이 있는데 대표작으로는 〈창〉, 〈눈물〉, 〈파도〉 등이 있으며 그의 시풍은 사물의 내면에 투철하여 매우 주지적이면서도 抒情의 영토를 고수하는 知·情이 調和된 주지시로 감상도, 불안도, 절망도 없는 기독교적인 신앙을 밑바탕으로 한 健全한 作品을 썼다.

특히 지난 73년 來光時 金顯承씨는 本社 記者들과 좌담을 하던 중에 고향을 찾아오신 소감을 "언제 타계할지도 모른다는 생각이 들어 죽을 때 고향의 모습을 눈에 띄어 보고 싶다는 센티멘탈한 감정 같은 것도 있었고 나의 건강에 대해 잘 알고 있는 진헌성 박사에게 진찰을 받기 위한 이유도 있었습니다."라고 말씀하시면서 "교편을 잡을 당시의 朝大와 지금(1973)의 朝大는 하늘과 땅 사이로 달라졌다."하시면서 "내가 힘닿는 데까지 도울 테니 학생들이 더욱 열심히 공부해서 韓國文壇史에 훌륭한 업적을 남겨주길 바란다."고 격려해 주셨던 것을 상기하고 싶다.

이처럼 김현승 시인이 교수로 재직했던 조선대학교에서 발행하는 《조대신문》에 시인의 자취가 남아 있다. 두 편의 시 작품과, 네 편의 산문이 김현승 시인을 연구하는 데에 귀중한 자료가 될 수 있을 것이다.

백수인 전남 장흥 출생. 『시와시학』 등단(2003). 광주문학상 수상. (재)지역문화교류호남재단 이사장 역임. 시집 『바람을 전송하다』, 『더글러스 퍼 널빤지에게』. 문학연구서 『소통과 상황의 시학』. 시론집 『소통의 창』 등. 현/ 조선대 명예교수.

김현승

『現代文學』에 발표했던 나의 作品들
—지령200호 기념 특집 (『現代文學』 1971년 8월호)

創刊號부터의 인연

　詩作 35년 동안에 펴낸, 내 詩集 네 개에 수록된 作品數가 약 2百篇, 그 중에 半數는 다 못되어도, 3分之1은 확실히 더 되는 몇 10개의 내 詩篇들이 지금까지 現代文學誌에 발표되었을 것이다.
　이러고 보면 내 詩 生涯에 있어 現代文學誌와의 인연이나 관계가 결코 적다고 할 수는 없게 되었다.
　現代文學誌와의 인연은 現代文學誌의 創刊號부터 시작되었다. 15,6년 전인 그때 나는 아직 광주에 있었는데, 『現代文學』 創刊號에 실릴 詩 請託書가 왔다. 『現代文學』이라는 새로운 文藝誌가 출현한다는 사실만도 文人으로서는 반가운 일인데, 創刊號에 더군다나 시골에서 原稿請託書를 받았으니 아니 기쁠 아무런 이유가 없었다. 創刊號가 나와 펼쳐보니 詩欄에는 靑馬, 廷柱, 木月, 容浩 등 重鎭들로 짜여 있었다. 내 詩의 題目은 〈擁護者의 노래〉. 나는 그 후 내 第2詩集의 題號를 이 詩의 題目으로 삼았다.

나는 이 詩에서 좁은 社會가 아닌 넓은 의미의 人生에 參與하는 精神을 강력한 톤으로 표현하여 보았다. 創刊號부터 現代文學誌 월평을 故 趙芝薰이 담당하고 있었는데 그때까지 내 詩作品에 대하여 별로 호감을 갖는 것 같지 않았던 그도 이 〈擁護者의 노래〉에는 印象이 좋은 것 같았다. 그 후 언젠가 上京하여 文藝살롱에 들렀더니, 지금은 中堅이 된 어느 小說家가 이 詩를 좋아하더라는 말을 들었고, 그 뒤 우연히 그를 만나 인사하여 알게도 되었다.

기억에 남을만한 또 다른 作品으로는 〈5月의 歡喜〉가 있다. 現代文學誌와 같은 純文藝誌에서 詩部를 誌面의 맨 앞에 두어 싣는 것은 몇 년만에 한 번씩이나 있는 일이고, 또 그러한 때 詩欄의 맨 앞에 실리는 기회를 얻게 되기란 드물고도 드문일이다. 그런데 내 작품으로서는 〈5月의 歡喜〉가 지금까지 단 한 번 그런 대우를 받았던 것이다. 다른 사람들이 나의 代表作들을 언급하게 될 때 이 詩를 빠뜨리는 것 같지만, 나 자신은 이 作品에 상당한 애착을 갖고 있다. 나와는 氣質이나 詩風이 자못 다른 徐廷柱씨도 언젠가 이 작품만은 좋게 말하는 것을 들은 적이 있다. 오히려 아직 유명하지 않은 詩人 가운데, 이 시를 평가해주는 말을 몇 번인가 들은 적도 있다.

또 〈波濤〉는 꽤 널리 문제가 되었던 作品이다. 어느 해 여름방학 때 썼다. 海水浴도 못가는 신세, 그 대신 방바닥에 딩굴면서 海水浴하는 기분 이상으로 열중해서 썼다. 딴은 海水浴 이상의 유쾌한 성과를 얻었던 것 같다. 이 詩를 썼을 때만큼, 만나는 여러 사람들에게서 유쾌한 인사를 받은 일은 일찍이 별로 없었고, 생각지도 못한 大學新聞의 紙面에서까지 論評의 대상이 되었고, 그해 年末 朝鮮日報 文化欄에는 1년동안의 秀作으로 취급되기도

하였다. 그러나 金宗吉씨와 같은 評家는 이와는 다른 見解로써 이 詩의 分析에 임하기도 하였다. 贊 이건 反이건 어쨌든 한 작품으로 詩壇에 문제를 이만큼 던졌다면, 이것만으로써도 작자는 만족할 수 있다.

〈堅固한 고독〉도 現代文學誌에 발표되었던 시이다. 내가 쓴 佳作을 말할 때, 대개는 〈눈물〉이나 〈플라타너스〉를 말하지만, 나 자신은 〈堅固한 고독〉을 가장 아낀다. 나의 타고난 氣質, 나의 人生觀의 本質, 그리고 나의 詩에 대한 主知的인 태도가 나대로는 혼연일치되어 形象化에 어느 정도 성공을 거둔 作品이 아닌가 생각한다. 지금까지 나의 作品으로서는 이 시가 外國語로도 가장 많이 번역된 것으로 알고 있다.

어느 해 가을에 발표한 〈가을의 祈禱〉도 꽤 많이 읽히는 시인 것 같다. 초가을이 되면 放送局들에서 이 시를 季節의 信號인 듯 읽는 것을 들었다는 말을 가끔 듣고 있다. 나는 나의 기질 탓인지 일생동안 가을의 시편들을 꽤 많이 썼다. 그 중에서 이 한 편만이라도 남아 잘 읽히는 것이라면, 작자로서는 불행하지 않은 일이다.

〈검은 빛〉도 내가 애착을 갖는 시다. 어느 해의 數10篇의 詩特輯을 할 때, 낀 작품이다. 어느 新人의 女流小說家가 그 자신이 쓴 全作長篇小說 가운데, 나의 이 시를 原作者의 이름도 밝히지 않고 無斷借用한 일이 있었다. 이 無禮를 꾸짖기 위하여 벼르고 盜用主를 만났더니, 女流인데다가, 「당신의 시가 마음에 들어서 그만 그렇게 되어버렸노라」는 실토였다. 상대는 미모의 弱者—盜用을 당하고도 더 할 말이 없었다.

詩 속에
머무르는 시간 4

새벽

새벽
세상이 쓴지 괴로운지 멋도 모르는 새벽
종달새와 노래하고
참새와 지껄이고
시냇물과 속삭이고
참으로 너는 철 모르는 계집애다.
꽃밭에서 이슬을 굴리고
어린 양을 풀밭에 내어 놓고
숲 속에 종을 울리는
참으로 너는 부지런한 계집애다.
시인詩人은 항상 너를 찍으려고 작은 카메라를
가지고 다니더라.
내일은 아직도 세상의 고뇌苦惱를 모른다.
그렇다면 새벽 너는 금방 우리 앞에 온 내일이 아니냐?
나는 너를 보고 내일을 믿는다.
더 힘있게 내일을 사랑한다.
그리하여 힘있게 오늘과 싸운다.

까마귀

회색灰色 보표譜表 꽂은 비곡悲曲의 명작가名作家
서산西山에 깃들이는 황혼黃昏의 시인詩人—
나는 하늘에 우는 까마귀 따라간다.

표박漂迫의 상징象徵과 같이 광원曠原으로 광원曠原으로 날아가나니
비가悲歌의 시편詩篇들 속에 까마귀의 생애生涯는 깃들인다.
(나의 시집詩集에도 까마귀 백百 개만 시재詩材로 넣으련다)

가을이다! 심란한 한숨 내쉬고 유리창琉璃窓 바라보니
앞마당 오동나무 가지에 까마귀가 앉아 있다.
　—어양림於楊林—

창窓

창窓을 사랑하는 것은,
태양太陽을 사랑한다는 말보다
눈부시지 않아 좋다.

창窓을 잃으면
창공蒼空으로 나아가는 해협海峽을 잃고,

명랑明朗은 우리에게
오늘의 뉴—스다.

창窓을 닦는 시간時間은
또 노래도 부를 수 있는 시간,
별들은 십이월十二月의 머나먼 타국他國이라고……

창窓을 맑고 깨끗이 지킴으로
눈들을 착하게 뜨는 버릇을 기르고,

맑은 눈은 우리들
내일來日을 기다리는
빛나는 마음이게……

푸라타나스

꿈을 아느냐 네게 물으면,
푸라타나스,
너의 머리는 어느듯 파아란 하늘에 젖어 있다.

너는 사모할 줄을 모르나,
푸라타나스,
너는 네게 있는 것으로 그늘을 느린다.

먼 길에 올제,
호을로 되어 외로울제,
푸라타나스,
너는 그 길을 나와 같이 걸었다.

이제 너는 뿌리 깊이
영혼을 불어 넣고 가도 좋으련만,
푸라타나스,
나는 너와 함께 신神이 아니다!

수고론 우리의 길이 다하는 어느날,
푸라타나스,
너를 맞어 줄 검은 흙이 먼—곳에 따로이 있느냐?
나는 오직 너를 지켜 네 이웃이 되고 싶을 뿐,
그곳은 아름다운 별과 나의 사랑하는 창窓이 열린 길이다.

눈물

더러는
옥토沃土에 떨어지는 작은 생명生命이고저……

흠도 티도,
금가지 않은
나의 전체全體는 오직 이뿐!

더욱 값진 것으로
들이라 하올제,

나의 가장 나아종 지니인 것도 오직 이뿐!

아름다운 나무의 꽃이 시듦을 보시고
열매를 맺게하신 당신은,

나의 웃음을 만드신 후에
새로이 나의 눈물을 지어 주시다.

가을의 기도祈禱

가을에는
기도祈禱하게 하소서……
낙엽落葉들이 지는 때를 기다려 내게 주신
겸허謙虛한 모국어母國語로 나를 채우소서

가을에는
사랑하게 하소서……

오직 한 사람을 택하게 하소서,
가장 아름다운 열매를 위하여 이 비옥肥沃한
시간時間을 가꾸게 하소서

가을에는
호을로 있게 하소서……
나의 영혼,
구비치는 바다와
백합百合의 골짜기를 지나,
마른 나뭇가지 위에 다다른 까마귀 같이.

산줄기에 올라
―K도시都市에 바치는―

산줄기에 올라 바라보면
언제나 꽃처럼 피어 있는 나의 도시都市―

지난 날 자유自由를 위하여
공중에 꽂힌 칼날처럼 강强하게 싸우던
그곳에선 무덤들의 푸른 잔디도
형제兄弟의 이름으로 다스렸던……

그리고 지금은 기름진 평야平野를 잠식蠶食하며
연기煙氣를 따라 확장擴張하여 가는 그 넓은 주변周邊들……

지금은 언덕과 수풀 위에 새로운 지붕들이 솟아올라,
학문學問과 시詩와 밤중의 실험관實驗館들이
무형無形의 드높은 탑塔을 쌓아올리는 그 상아象牙의 음향音響들……

산줄기에 올라 바라보면
언제나 꽃처럼 피어 있는 나의 고향故鄕―
길들은 치마끈인 양 풀어져,
낯익은 주점酒店과 책사册肆와 이발소理髮所와

잔잔한 시냇물과 푸른 가로수街路樹들을
가까운 이웃을 손잡게 하여 주는……

그리고 아침과 저녁에
공동共同으로 듣는 기적汽笛소리는
멀고 먼 곳을 나의 꿈과 타고난 슬픔을 끌고 가는……

아아, 시름에 잠길 땐 이 산줄기에 올라 노래를 부르고,
늙으면 돌아와 추억追憶의 안경眼鏡으로 멀리 바라다 볼
사랑하는 나의 도시都市―시인詩人들이 자라던 나의 고향故鄕
이여!

신성神聖과 자유自由를

봄빛이 스며드는 썩은 원수의 살더미 속에
탄흔彈痕을 헤치고 신생新生하는 금속金屬의 거리와 광장廣場들에
부활復活을 의미하는 참혹한 마지막 시간時間에
일으켜야 할 제목題目은
신성神聖과 자유自由이다.

불꺼진 높은 곳의 추억追憶에 등대燈臺들에
영광靈光의 도시都市―허물어진 첨탑尖塔과 향상向上의 계단階段들에
일으켜야 할 별들은
신성神聖과 자유自由이다.

무덤같이 음산한 십대十代의 가슴들에
희망을 잃은 노병老兵들의 두 눈에
일으켜야 할 노래는
신성神聖과 자유自由이다.

내일來日이면 꽃이 피고,
후일後日에 자라선 애인愛人들이 될,
더 자라면 지도자指導者와 엄격한 부모父母들이 될,

오늘의 눈물—방황하는 세대世代들에
일으켜야 할 신앙信仰은
신성神聖과 자유自由이다.

구원救援을 호소하던 부다페스트— 마지막 떨리던 음파音波들에
항거抗拒하는 평범平凡한 영웅英雄들에
굴복屈服을 모르는 아세아亞細亞와 구라파歐羅巴의 용감한
지역地域들에
일으켜야 할 동맥動脈의 손길은
신성神聖과 자유自由의 힘이다.

침략자侵略者들의 말굽소리보다
모든 독재자獨裁者들의 쇠사슬소리보다 더욱 큰 분노憤怒로
일으켜야 할 제목題目은
신성神聖과 자유自由이다.

골짜기에
벼랑에
무기武器보다 빵보다

앞서 가야 할 우리들의 긴밀한 보급로補給路는
신성神聖과 자유自由의 마음들이다.

보라, 피로 물든 강江기슭에
이그러진 황토黃土 산비탈에
눈물로 세우는 모든 십자가十字架의 경건한 제목題目도,
그리고 들으라,
우리들의 온갖 사랑과 정열情熱과
모든 절망絶望과 몸부림과 싸움의 동기動機를 역설力說하여 주는
폭탄爆彈같은 외침도
신성神聖과 자유自由이다.

오오, 지상地上의 가장 아름다운 수확收穫이여,
너를 위하여 흘릴 우리들의 피는
아직도 동서남북東西南北에 넉넉히 출렁이고 있다!
의욕意慾은 출발出發의 북소리처럼 팽창하고,
새 아침이 열리는 곳―구비도는 해안선海岸線과 저 산맥山脈들
그리고 아득한 지평선地平線마다
그윽히 울리는 생명生命있는 것들의 합창合唱소리도 그러하다!

일찍이 미래未來를 땅위에 가져 오던 정확正確한 눈으로 바
라보라,
이글거리는 저 태양太陽의 광채光彩와 열의熱意도
오늘은 그것을 더욱 밝히 보여 주는
거꾸로 타오르는 하늘의 심장心臟이 아니냐!

겨울 까마귀

영혼의 새.

매우 뛰어난 너와
깊이 겪어 본 너는
또 다른

참으로 아름다운 것과
호을로 남은 것은
가까워질 수도 있는,

언어言語는 본래
침묵으로부터 고귀高貴하게 탄생한,

열매는
꽃이었던,

너와 네 조상祖上들의 빛갈을 두르고.

내가 십이월十二月의 빈 들에 가늘게 서면,
나의 마른 나뭇가지에 앉아

굳은 책임責任에 뿌리 박힌
나의 나뭇가지에 호을로 앉아,

저무는 하늘이라도 하늘이라도
멀뚱거리다가,

벽에 부딪쳐
아, 네 영혼의 흙벽이라도 덤북 물고 있는 소리로,
까아욱—
깍—

무등차無等茶

가을은
술 보다
차 끄리기 좋은 시절……

갈가마귀 울음에
산들 여위어 가고,

씀바귀 마른 잎에
바람이 지나는,

남南쪽 십일월十月의 긴 긴 밤을,

차 끄리며
끄리며
외로움도 향기인 양 마음에 젖는다.

절대絶對 고독

나는 이제야 내가 생각하던
영원의 먼 끝을 만지게 되었다.

그 끝에서 나는 눈을 비비고
비로소 나의 오랜 잠을 깬다.

내가 만지는 손끝에서
영원의 별들은 흩어져 빛을 잃지만,
내가 만지는 손끝에서
나는 내게로 오히려 더 가까이 다가오는
따뜻한 체온을 새로이 느낀다.
이 체온體溫으로 나는 내게서 끝나는
나의 영원을 외로이 내 가슴에 품어 준다.

그리고 꿈으로 고이 안을 받친
내 언어言語의 날개들을
내 손끝에서 이제는 티끌처럼 날려 보내고 만다.

나는 내게서 끝나는
아름다운 영원을
내 주름 잡힌 손으로 어루만지며 어루만지며
더 나아갈 수도 없는 나의 손끝에서
드디어 입을 다문다―나의 시詩와 함께.

군중群衆 속의 고독

많으면 많을수록
적어지는—그리하여 사라지고 마는,

크면 커질수록
가리워지는—그리하여 그리워지는,

군중群衆 속의 고독이 있다.

즐거우면 즐거울수록
나를 잊는—그리하여 내가 남이 되는,

흐르면 흐를수록
거대巨大해지는—마침내 거대巨大하게 마시고 따라서 웃는,

군중群衆 속의 고독이 있다.

남이 입은 옷으로 내 몸에 옷을 입고
남이 세운 어깨에 열심히 팔을 걸친
빌딩 위의 반달이여.

타인他人들의 불빛에 조심스레 담배를 붙여 물고
기껏 돌아서는,
희뿌연 빌딩 틈의 반달이 있다.

아버지의 마음

바쁜 사람들도
굳센 사람들도
바람과 같던 사람들도
집에 돌아오면 아버지가 된다.

어린것들을 위하여
난로에 불을 피우고
그네에 작은 못을 박는 아버지가 된다.

저녁 바람에 문을 닫고
낙엽을 줍는 아버지가 된다.

바깥은 요란해도
아버지는 어린것들에게는 울타리가 된다.
양심良心을 지키라고 낮은 음성으로 가르친다.

아버지의 눈에는 눈물이 보이지 않으나,
아버지가 마시는 술에는 눈물이 절반이다.

아버지는 가장 외로운 사람들이다.
가장 화려한 사람들은
그 화려함으로 외로움을 배우게 된다.

인생을 말하라면

인생을 말하라면 모래 위에
손가락으로 부귀를 쓰는
사람도 있지만

인생을 말하라면 팔을 들어
한 조각 저 구름 뜬 흰 구름을
가리키는 사람도 있지만

인생을 말하라면 눈을 감고
장미 아름다운 가시 끝에
입맞추는 사람도 있지만

인생을 말하라면 입을 다물고
꽃밭에 꽃송이처럼 웃고만 있는
사람도 있기는 있지만

인생을 말하라면 고개를 수그리고
뺨에 고인 주먹으로 온 세상의 시름을
호올로 다스리는 사람도 있지만

인생을 말하라면 나와 내 입은
두 손을 내밀어 보인다,
하루의 땀을 쥔 나의 손을
이처럼 뜨겁게 펴서 보인다.

이렇게 거칠고 이렇게 씻겼지만
아직도 질기고 아직도 깨끗한 이 손을
물어 마지않는 너에게 펴서 보인다.

희망希望

나의 희망,
어두운 땅속에 묻히면
황금黃金이 되어
불 같은 손을 기다리고,

너의 희망
깜깜한 하늘에 갇히면
별이 되어
먼 언덕 위에서 빛난다

나의 희망,
아득한 바다에 뜨면
수평선水平線의 기적이 되어
먼 나라를 저어 가고,

너의 희망,
나에게 가까이 오면
나의 사랑으로 맞아
뜨거운 입술이 된다.

빵 없는 땅에서도 배고프지 않은,
물 없는 바다에서도
목마르지 않은
우리의 희망!

온 세상에 불이 꺼져 캄캄할 때에도,
내가 찾는 얼굴들이 보이지 않을 때에도,
우리는 생각하는 갈대 끝으로
희망에서 불을 붙여 온다.

우리에게서 모든 것을 빼앗을 때에도
우리의 무덤마저 빼앗을 때에도
우릴 빼앗을 수 없는 우리의 희망!

우리에게 한번 주어 버린 것을
오오, 우리의 신神도 뉘우치고 있을
너와 나의 희망! 우리의 희망!

산까마귀 울음 소리

아무리 아름답게 지저귀어도
아무리 구슬프게 울어 예어도
아침에서 저녁까지
모든 소리는 소리로만 끝나는데,

겨울 까마귀 찬 하늘에
너만은 말하며 울고 간다!

목에서 맺다
살에서 터지다
뼈에서 우려낸 말,
중에서도 재가 남은 말소리로
울고 간다.

저녁 하늘이 다 타 버려도
내 사랑 하나 남김 없이
너에게 고하지 못한
내 뼈속의 언어로 너는 울고 간다.

마지막 지상地上에서

산 까마귀
긴 울음을 남기고
지평선地平線을 넘어갔다.

사방四方은 고요하다!
오늘 하루 아무 일도 일어나지 않았다.

넋이여, 그 나라의 무덤은 평안한가.

다형 김현승의 시간

인　쇄 | 2022년 4월 25일
발　행 | 2022년 5월 10일
발행처 | 다형기념사업회
발행인 | 백수인
인　쇄 | 도서출판 한림, 한림문학재단
　　　　주소 광주광역시 동구 백서로 125번길 11(금동)
　　　　전화 (062)226-1810(代) · 3773 FAX 222-9535
　　　　출판등록 제05-01-0095호
　　　　공보처등록 바 1717호(1992. 6. 2)
　　　　E-mail hanlim66@hanmail.net

값 15,000원
ISBN 978-89-6441-462-0　03810

이 책은 광주광역시 남구에서 출판비를 지원받았습니다.